KB187517

인터넷의 철학

On The Internet 2nd edition

일러두기 _____

본문에 번호가 매겨진 각주는 저자 주이며, ◆ 표시가 된 것은 옮긴이 주이다.

인터넷의
철학

휴버트 드레이퍼스 · 최일만 옮김

Hubert Dreyfus

On the Internet; Second Edition

P 필로소픽

이 책을 제네비에브에게 바친다.
그녀는 서핑의 생존자이자 웹 디자이너로,
인터넷의 가장 좋은 면과 가장 나쁜 면 모두에 정통하였다.

"나는 신체이고 영혼이다." —아이는 이렇게 말한다. 아이처럼 말해선 안 될 이유가 있는가?

그러나 깨어난 자, 아는 자는 이렇게 말한다. 나는 전적으로 신체이며, 그밖에 다른 무엇도 아니다. 영혼이란 신체에 있는 무엇을 가리키는 말일 따름이다.

니체, 『차라투스트라는 이렇게 말했다』

신체는 세계를 가지기 위한 우리의 일반적 수단이다. 때로 신체는 생명의 보존을 위해 필요한 몸짓에 제한되어 있으며, 이에 따라 신체는 우리 주위에 생물학적 세계를 정립한다. 때로는 이러한 일차적 몸짓을 정교하게 만들고 그것의 고유한 의미에서 상징적 의미로 옮겨가면서, 신체는 그 몸짓을 넘어 새로운 의미의 핵심을 드러내보인다. 춤 같은 운동 습관의 경우가 그렇다. … 마지막으로, 때로 그 겨냥된 의미는 신체의 자연적 수단을 통해서는 성취될 수가 없다. 그래서 신체는 자신을 도구로 만들어야 하고, 자기 주변에 문화적 세계를 설계해야 한다.

메를로-퐁티, 『지각의 현상학』

목차

감사의 말

나는 많은 사람들에게서 귀중한 도움을 받았다. 냇 골드하버는 인터넷의 탈신체화의 미덕을 지지했다. 기량 습득skill acquisition에 대해 내가 아는 모든 것은 스튜어트 드레이퍼스에게서 배운 것이다. 할 배리언과 고든 리오스는 인터넷 검색이 실제로 어떻게 작동하는지를 참을성 있게 설명해주었다. 애런 트리파시는 인터넷에 대해 누구도 다 읽을 시간을 낼 수 없을 만큼 많은 자료를 나에게 전송해주었다. 케네스 골드버그, 찰스 스피노사, 션 켈리, 베아트리스 한, 코빈 콜린스, 마크 래썰, 테리 위노그라드는 가차없는 반론을 제기해주었고, 그것에 대답하는 데에도 도움을 주었다. 호스 데 물과 그의 세미나는 원고 전체를 읽어 내고 유익한 비판적 논평을 많이 해주었다. 제네비에브 드레이퍼스는 인터넷의 사용법을 나에게 가르쳐주고 최종 원고를 준비해주었다. 특히 데이비드 블레어에게 감사한다. 문서 검색에 대한 그의 복잡한 비트겐슈타인적 이해 덕분에 나는 인터넷에서의 검색의 문제를 이해하게 되었을 뿐 아니라, 또한 이러한 문제들이 사이버공간에서의 삶의 한계에 대한 나의 메를로-퐁티적 감각과 어떻게 합치하는지를 알게 되었다. 마지막으로, 린든 랩의 CEO이자 설립자인 필립 로즈데일에게 감사한다. 그는 최근 그곳에

10

서 이루어지는 작업에 대해 자세히 알려주었다.

121쪽에는 밥 딜런의 「61번 고속도로에 다시 들러Highway 61 Revisited」에서 발췌한 구절이 있는데, 소니/ATV 음악사(영국)가 친절히 재발행을 허락해주었다.

인터넷 세계는 급속도로 변화하기 때문에,『인터넷의 철학』을 시대에 맞추기 위해 나는 몇 군데 중요한 수정을 가하고 완전히 새로운 장을 더해야 했다.

가장 근본적인 변화는 1장에 있다. 1장에서 나는 수십억 개의 의미 없는 하이퍼텍스트 웹사이트를 성공적으로 검색할 가능성이 크지 않다는 당시의 비관주의를 지지했다. 이제, 그 비관주의는 낙관주의로 뒤바뀌었다. 이는 구글Google 덕분이었다. 그것은 10년 전 내가 초판을 완성하고 있을 때에는 그저 박사학위 논문으로 제안된 프로그램에 지나지 않았다. 그래서 나는 모든 우울한 예언을 도려내고, 구글이 어떻게 작동하는지 그리고 최근 10년 사이 새로 등장한 위키피디아가 어떻게 의미에 기반한 구식 정보 정돈법을 사용하여 추종자를 늘려가고 있는지에 대한 설명을 추가했다.

비슷하게 2장에서, 탈신체화된 원격학습의 실패를 예언한 부분과 인터넷 덕분에 아이비리그의 교육을 세상 모두가 접할 수 있게 될 것이며 우리가 알고 있는 대로의 대학은 사라질 것이라고 주장했던 열광자들에게 조소를 보내던 부분은 대부분 폐기하였다. 원격학습이 실패했다는 것은 이제 명확하다. 주요 대학은 원격학습을 포기했고 수십만 달러의 투자를 매몰 비용으로 여긴다.

그러나 지난 십 년 사이, 전연 새로운 것이 나타나 예상하지 못했던 독창적 형태로 원격학습을 제공하게 되었다. 그것은 바로 팟캐스트이다. 이는 교실에서의 신체화된 가르침을 대체하려 하지는 않지만, 그럼에도 불구하고 1급 강좌를 흥미진진하게 개방해준다. 아이튠즈U의 개발과 거기에 내가 관여한 바를 해설하는 『LA 타임스』의 기사를 나는 부록으로 실었다.

전 세계의 사람들이 나에게 이메일을 보내서, 나의 팟캐스트를 듣고 있는 다른 사람들과 만나서 그들과 그리고 나와 이야기를 할 수 있기를 바란다고 말했다. 그래서 나는 「세컨드 라이프」◆에서 가상 토론 소모임을 지도하는 실험을 했다. 그 결과를 나는 5장에 기술하였다.

5장은 3차원 상호작용 가상 세계에 대한 것으로, 새롭게 추가한 장이다. 「세컨드 라이프」는 가상 세계에서 가상 신체를 창조하고 조종할 수 있는 방법에 대한 가장 눈에 띄는 사례이다. 그래서 나는 신체화의 어떤 측면이 「세컨드 라이프」에서 포착될 수 있고 어떤 측면이 그럴 수 없는지, 그리고 이것이 인터넷에서 어떠한 종류의 유의미한 삶이 가능하고 불가능한지 여부에 어떤 영향을 끼치는지에 초점을 맞추었다.

◆ Second Life. 미국의 개발사 린든 랩(Linden Lab)이 개발한 3차원 온라인 가상 세계. 게임과 유사한 점이 있으나, 정해진 목표나 스토리가 없고 그 세계에서 생활하는 것 자체를 목표로 개발되었다는 점에서 차이가 있다. 이에 대해서는 5장에서 자세히 다루어진다. 한국에서도 서비스를 개시하였으나 금방 종료되었으며, 한국 내의 인지도는 낮다.

서론

나는 그대에게 초인에 대해 가르치겠다. 인간은 극복되어야 할 무엇이다. 인간을 극복하기 위하여 그대는 무엇을 하였는가?

니체, 『차라투스트라는 이렇게 말했다』, 프롤로그

왜 탈脫인간이 되려고 하는가? … 물론, 우리는 인간으로 남아 있으면서도 많은 성취를 이룰 수 있다. 그러나 지성, 결단, 낙관주의를 이용하여 인간이라는 번데기를 찢고 나와야만 더 높은 봉우리에 이를 수 있다. … 우리 신체는 … 우리의 능력을 제한한다.

엑스트로피◆ 협회의 창립자 막스 모어에 의한 니체 인용과 응답[1]

인터넷은 새로운 기술 혁신에 불과한 것이 아니다. 그것은 기술 혁신의 새로운 **유형**, 기술의 본질 자체를 폭로하는 것이다. 지금까지 기술 혁신자들은 대체로, 이미 인지되어 있던 요구에 부응하는 기기를 생산하고 나서야 예상치 못했던 부대효과를 발견하곤 했다. 그렇게 알렉산더 그레이엄 벨은 전화가 사업상의 의사소통에는 유용하겠지만, 가정에서 사용되기는 어려울 것이라고 생각했던 것이다. 거리를 걸어가며 통화를 하게 될 것이라고는 생각도 하지 못했다. 비슷하게, 헨리 포드는 자동차가 저렴하고 신뢰할 만하며 산업화된 운송수단을 사람들에게 제공할 것이라고 생각했지만, 그것이 도심을 망가뜨리고 청소년의 성해방을 가져올 것이라고는 상상하지 못

◆ 엑스트로피주의(Extropian)는 기술과 과학을 통해 인간의 한계를 극복하려는 사상으로서, 막스 모어가 1980년대부터 주창해왔다.

[1] 엑스트로피주의자들은 너무 멀리 갔다. 하지만 Hans Moravec의 *Mind Children*, Cambridge, MA, Harvard University Press, 1988와 같은 진지할 것으로 여겨지는 책에서도 같은 발상이 보인다.

했다. 인터넷은 다르다. 그것은 본래 과학자들 사이의 의사소통을 위한 것이었다. 그러나 이제는 **그것이** 부대효과다. 인터넷은 너무나 거대하고 변화무쌍해서 그것이 **어떤** 특정 필요를 충족시키기 위한 기기라고는 생각할 수 없다는 것을 우리는 깨닫게 되었다. 인터넷이 제공하는 새로운 쓰임새 하나하나가 다 놀라움을 준다. **모든 것을** 접근 가능하게 만들고 최적화하는 것이 기술의 본질이라면, 인터넷은 완벽한 기술적 장치다. 그것은, 할 수 있는 한 많은 실재를 디지털화하고 상호 연결하도록 우리를 이끌었던 그 경향, 모든 것을 가능한 한 유연하게 만들려는 경향의 정점이다.[2] 웹을 통해 할 수 있는 것은 문자 그대로 무제한적이다. 이러한 전적인 유연성으로 인해 당연하게도, 사람들은 인터넷이 무엇이 될 것인지에 대해 경쟁적으로 터무니없는 예측을 내놓았다. 정보를 연결하고 정보에 접속하는 새로운 방식을 통해, 인터넷은 경제 번영의 신시대를 불러오고, 원하는 바로 그 정보를 우리에게 배달하는 지적인 검색엔진의 발달로 이끌며, 대중 교육의 문제점들을 해결하고, 우리를 모든 참된 현실과 접촉하게 하며, 가상 세계를 탐험할 수 있게 하는데, 이 가상세계는 우리가 현실 세계에서보다 훨씬 더 유연한 정체성을 가질 수 있게 함으로써, 우리 삶에 새로운 의미의 차원들을 더해준다는 것이다.

불행히도, 새롭고 더욱 충실한 삶의 형태가 약속되었던 땅에서 이

---

[2] 도대체 어떤 무엇으로 존재한다는 것이 무엇인지에 대한 우리의 근대적 이해를 규정하는 것이 이 경향이라고 하이데거는 주장했다. *The Question Concerning Technology*, New York, Harper and Row, 1977에 실린 Martin Heidegger, "The Question Concerning Technology"를 보라.

루어진 작업은 방대한 양의 말은 생산했지만 행복한 결과는 내놓지 못했다.[3] 사실, 카네기-멜론대학의 연구자들을 놀라게 했던 발견은, 월드 와이드 웹에 접속할 기회가 주어질 경우 사람들은 자신이 고립감과 우울함을 느끼고 있음을 깨달았다는 점이다.『뉴욕 타임스』는 이렇게 보도했다.

> 백오십만 달러를 들인 프로젝트의 결과는 그것을 계획한 사회과학자들의 예상, 그리고 그 연구에 자금을 댄 많은 기구들의 예상에 전적으로 반대되는 것이었다. … "우리의 발견에 우리는 충격을 받았습니다. 인터넷이 사회적으로 어떻게 사용되는지에 관해 우리가 알고 있는 것과 직관적으로 어긋나기 때문이죠." 카네기-멜론 인간 컴퓨터 상호작용 연구소의 사회심리학 교수 로버트 크라우트는 이렇게 말했다. "우리는 여기에서 극단적인 경우에 대해 말하고 있는 것이 아닙니다. 이들은 정상적인 성인과 그들의 가족이었습니다. 그리고 평균적으로, 인터넷을 가장 많이 사용하는 사람들의 상태가 가장 나빴습니다."[4]

---

3 참된 혁신이 없었다는 것이 아니다. 정보를 연결하는 새로운 방식은 도서관을 변모시켰다. 단과대학과 종합대학의 강좌 웹사이트를 통해 학생들은 자기 방을 떠나지 않고 강의를 듣고 토론에 참석할 수 있게 되었다. 원격 로봇기술은 화성에 있는 탐사 차량을 조종할 수 있게 해주었으며, 언젠가는, 그런 차량이 화성 표면을 움직이는 동안 수백만 명의 구경꾼들이 차창 밖을 내다볼 수 있으리라는 점에는 의심할 여지가 없다. 그리고 전자우편은, 개혁을 위해 협력하는 반정부 인사들부터, 자기 손자들의 최신 디지털 사진을 자기 친구들에게 보내며 자랑스러워하는 조부모에게 이르기까지 놀라운 새로운 가능성들을 열어주었다. 그러나 이 모든 놀라운 새로운 발전들은 예측되었던 것에 비하면 사소하다.

4 A. Harmon, "Researchers Find Sad, Lonely World in Cyberspace", *The New*

다른 연구자들은 자신의 발견을 다음과 같이 요약했다.

이 연구는 73가구의 169명이 온라인에서의 보낸 첫 한두 해 동
안 인터넷이 그들에게 끼친 사회적, 심리학적 효과를 탐구하였
다. … 이 표본에서, 인터넷은 소통을 위해 광범위하게 사용되었
다. 그렇지만, 인터넷의 더 많은 사용은 그 참가자의 가족 내 소
통의 감소, 사교 집단의 축소, 우울함과 외로움의 증가와 연결되
었다.[5]

여기에서 결여된 것은 사람들이 서로에 대해 실제로 신체적으로
현전하는◆ 것이라고 저자들은 결론 내린다.

York Times, August 30, 1998. Harmon은 계속해서 이렇게 쓴다.
2년에 걸친 연구의 시작 시점에서 모든 피험자에게 주어진 표준 설문을 통해 더
외롭고 더 우울한 것으로 밝혀졌던 참가자들이 더욱 인터넷을 많이 사용하는 경향
을 보인 것은 아니었다. 오히려, 인터넷 사용 자체가 심리적 안녕이 저하된 원인으
로 보인다고 연구자들은 말했다.

[5] R. Kraut, M. Patterson, V. Lundmark, S. Kiesler, T. Mukophadhyay and W.
Scherlis, "Internet Paradox: A Social Technology that Reduces Social
Involvement and Psychological Well-being?", *American Psychologist*, 1998,
vol. 53, no. 9, pp. 1017-31.

◆ presence. 철학에서 이 말은 가장 일반적인 의미에서의 '앞에 있음'을 뜻하며, 통
상 '현전'으로 번역된다. 이 말은 그저 존재하는 것이 아니라 지금 나의 앞에 존재
하는 것을 뜻하기에 '존재'보다는 좁은 의미를 가지며, 특정한 상황에 제한되는
것은 아니기 때문에 일상적 용어인 '출석'이나 '참석'보다는 일반적인 의미를 가
진다. 가령 이 책에서 이 말은 대가가 교육 과정에서 견습생과 함께 있음, 아이의
성장 과정에서 어른이 곁에 있음, 연극에서 관객이 배우 앞에 있음 등 사람과 사람
이 직접 근거리에서 관계하는 모든 경우에 사용된다.

물리적 인접성이 뒷받침하는 우정에 비해 온라인의 우정은 더 제한적이기 마련이다. … 온라인의 친구들은 동일한 일상 환경에 속해 있지 않기에, 그들은 대화의 맥락을 이해하지 못하기 쉬울 것이다. 이로 인해 토론은 더 어려워지고, 조력은 덜 적절해진다. 전자 소통을 통해 원격으로 유지되는 강한 유대조차도, 물리적 인접성이 뒷받침하는 강한 유대와 비교하자면, 종류에 있어서는 다르고 아마도 강도에 있어서는 약하기 마련이다. 현재 인터넷에 널리 보급되어 있는 대인對人 소통 어플리케이션은 강한 유대에 관해서는 중립적이거나, 아니면 강한 유대를 증진하기보다는 약화시키는 경향이 있다.[6]

이 놀라운 발견은, 인터넷 사용자들의 탈신체화가 예상치 못했던 심원한 효과를 가진다는 것을 보여준다. 짐작컨대, 인터넷은 대부분의 도구와는 다른 방식으로 사람들에게 작용할 것이다. 인터넷은 사용자가 세계와 관계하는 주된 방식이 될 수 있기 때문이다. 이러한 놀라움과 실망을 고려한다면, 당연히 우리는 온라인으로 살아가는 삶의 이로움과 위험이 무엇인지 알고 싶을 것이다. 그래야지만 우리는

---

6 같은 곳. 물리적 현전의 결여는 일종의 도덕적 고립으로도 이끌 수 있는 것으로 보인다. 래리 프로이스태드가 그의 이메일 지원 모임에 자신이 딸을 살해했다고 고백했을 때, 그 모임의 일원들은 그에게 동정을 표했다. 그를 경찰에 넘겨야 한다고 느낀 사람은 단 한 명, 데 카를로 양(嬢)뿐이었다. Amy Harmon, "On-Line Thoughts on Off-Line Killing", *The New York Times*, April 30, 1998을 보라. "데 카를로 양이 보기에, 죄를 고백한 살인자는 법의 심판을 받게 해야 한다는 오프라인의 책임을 그녀의 친구들이 망각한 것은 — 참가자들 사이에 심리적, 물리적 거리를 만드는 — 온라인 소통의 본성 때문이었다."

인터넷이 무엇이 될 수 있는지, 그리고 인터넷을 통하여 살아가는 과정에서 우리가 무엇이 될 수 있는지를 엿볼 수 있으리란 희망을 가질 수 있을 것이다.

가장 극단적인 인터넷 열광자들에 따르면, 인터넷이 우리에게 장기적으로 약속해주는 것은, 신체에 의해 강요된 한계를 우리들 각각이 초월할 수 있으리라는 것이다. 이러한 시각의 으뜸가는 지지자 중 하나인 존 페리 발로가 말하듯이, 이 전자 영토는 "모든 곳이며 어디도 아닌 세계지만, 신체가 사는 곳은 아니다."[7] 그런 선지자들이 신체라는 말로 뜻하는 것은 앞과 뒤, 팔과 다리가 있는 우리 물리적 신체 그리고 세계 내에서 움직여다니는 능력만이 아닌 듯하다. 그것은 또한 어떤 사태를 우리에게 중요한 것으로 만드는 우리의 기분, 우리가 현실의 사태 및 사람에 대처해야 하는 특정 맥락에 위치한다는 점, 그리고 우리가 실망과 실패에, 또한 부상과 죽음에 노출되는 다양한 방식도 뜻한다. 한마디로, 그들은 우리의 유한성과 취약성의 모든 측면을 신체화에 포함시킨다. 앞으로 이 책에서 나는 신체를 이러한 넓은 뜻에서 이해할 것이다.

예이츠는 자신의 영혼이 "죽어가는 동물에 묶여 있다"고 탄식하였다.("Sailing to Byzantium", *The Tower*, 1928) 그리고 지금 우리의 언어적, 문화적 정체성을 가두고 있는 동물적 신체를 떠남으로써 인간의 진화를 완성시킬 수 있다는 생각이 가진 매력은 쉽게 알 수 있다. 우주의 어느 곳에든 있을 수 있으며 부상과 죽음을 피하기 위해 자신의

---

[7] J. P. Barlow, "A Declaration of the Independence of Cyberspace", Davos, Switzerland, February 8, 1996.

백업 복사본을 만들 수 있는 탈신체화된 존재가 되는 것을 누가 원치 않겠는가? 기형, 우울, 병, 노화, 죽음으로부터 자유로워진다는 것에 기뻐할 것은 웹 선지자들만이 아니다. 이것은 한스 모라벡[8]이나 레이 커즈와일[9] 같은 컴퓨터에 고무된 미래주의자들이 우리에게 제공한 약속이다. 그 전형적인 형태는 넷 상에서(달리 어디에서 나타나겠는가?) 엑스트로피주의자와 같은 국제적 단체로 나타난다. 이들의 지도자인 막스 모어의 말이 이 서론의 제사題詞에 인용되어 있다. 그러나 더욱 현실적인 전문가들조차도 우리가 문명의 새로운 단계에 들어가고 있다는 꿈에 찬동한다. 산업 컨설턴트 에스더 다이슨에 따르면, "사이버공간은 지식의 땅이며, 이 땅을 탐험하는 것은 문명의 가장 참되고 가장 고귀한 소명이다."[10]

플라톤은 신체를 떠난다는 데에 흡족해했을 것이다. 그는 신체가 영혼의 무덤이라는 격언에 찬동했으며[11] 소크라테스를 따라 "신체에 대해서는 죽고" 순수 정신이 되는 것이 인간의 최고 목표여야 한다고 주장했다. 소크라테스는 이렇게 말했다. "신체를 경멸하고 피

---

[8] Moravec, *Mind Children*.

[9] R. Kurzweil, *The Age of Spiritual Machines*, New York, Penguin, 2000.

[10] Esther Dyson, George Gilder, George Keyworth, and Alvin Toffler, "Cyberspace and the American Dream: A Magna Carta for the Knowledge Age. Release 1.2"—August 1994, Washington, DC, The Progress and Freedom Foundation. http://www.pff.org/issues-pubs/futureinsights/fi1.2magnacarta.html.

[11] Plato, *Gorgias*, 492e7-493a5. 소크라테스는 이렇게 말한다. "우리는 지금 죽어 있으며 우리의 신체(soma)는 무덤(sema)이라고 우리의 현자들 중 하나가 말하는 것을 나는 들은 적이 있소."

하는 데에서, 그리고 독립적이 되려고 노력하는 데에서 ― 철학자의 영혼은 다른 모든 자의 영혼보다 앞서 있소."[12] 그러나 그렇기에, 우리가 인간성을 초월해야 한다고 말할 때에 엑스트로피주의자들이 플라톤이 아니라 니체를 따른다고 주장하는 것은 놀라운 일이다.

사실, 신체에 대한 니체의 반反플라톤적 관점은 엑스트로피주의자들이 즐겨 인용하는 초인에 대한 바로 그 책에 있다. 「신체를 경멸하는 자들에 관하여」라는 절에서 니체가 차라투스트라에게 말하게 하는 것은, 마치 엑스트로피주의자에 대한 직접적 대답인 것 같다. "나는 그대들의 길로 가지 않을 것이다, 그대 신체를 경멸하는 자들이여! 나에게 그대들은 초인으로 가는 다리가 아니다!"[13] 그리고 그는 계속해서 말한다.

> 그대는 "나"라고 말하며 그 단어를 자랑스러워한다. 그러나 더욱 위대한 것은, 그대들이 믿기 원하지 않는 것 ― 그대들의 신체와 신체의 큰 이성이다. 그것은 "나"라고 말하지 않고, "나"를 행한다. … 형제여, 그대의 사고와 감정 뒤에, 강력한 지배자, 미지의 현자가 서 있다. 그의 이름은 자아이다. 그는 그대의 신체에 산다, 그는 그대의 신체이다.[14]

[12] Plato, "Phaedo", *The Last Days of Socrates*, Baltimore, MD, Penguin, 1954, p. 84.

[13] F. Nietzsche, *Thus Spake Zarathustra*, trans. W. Kaufmann, New York, Viking Press, 1966, p. 35.

[14] 같은 책, p. 34.

니체는 인간에게 가장 중요한 것은 지적 능력이 아니라 신체의 정서적, 직관적 능력이라고 생각했다. 플라톤주의와 기독교에 대항하는, 심지어 과학과 기술에 숨어 있는 가장 은밀한 형태의 플라톤주의와 기독교에도 대항하는 끈질긴 전투에서, 니체는 실로, 우리의 인간적 한계를 초월하고 초인이 되기를 고대했다. 그러나 이를 통해 그가 의미한 것은, 인간이 죽음과 유한성을 계속해서 부정하지 않고 마침내 그들의 신체와 필멸성을 긍정할 만큼 강해지리라는 것이었다.

따라서 우리가 대면해야 할 쟁점은, 우리가 신체 없이도 지낼 수 있느냐는 것이다. 신체는 동물에서 유래한 우리 혈통의 찌꺼기에 — 엑스트로피주의자들이 주장하듯, 인류가 너무 성장해서 이제는 맞지 않게 되어버린, 우리의 자유에 대한 제한 — 불과한가? 아니면 니체가 주장하듯, 신체는 우리 영적, 지적 삶에서도 결정적 역할을 하는가? 니체가 옳다면, 인터넷의 최대의 장점으로 일컬어지는 것, 신체가 우리에게 강요하는 한계로부터의 자유는 얄궂게도 아킬레스의 뒤꿈치와 같다.

철학자로서 나는 인터넷의 특정 용법을 비난하고 다른 용법을 찬양하는 일에 관여하려는 것은 아니다. 나의 물음은 더 사변적인 것이다. 인터넷이 우리 삶에서 중심적이 된다면 어떨까? 「세컨드 라이프」의 개발자들이 기대한 것처럼, 인터넷이 하버드대 케네디 공공정책대학원장 조셉 나이가 "저항할 수 없는 대안 문화"라고 부른 것이 된다면 어떨까? 인터넷을 통해 우리가 가상적인 두 번째 삶에 접근할 수 있다면 어떨까? 우리 삶의 많은 부분을 사이버 공간에서 살게 되는 만큼, 우리는 인간 이상이 되거나 인간 이하가 될까?

대답을 구하는 과정에서 우리는 어떤 가능성을 열어 두어야 한다. 그것은 우리가 사이버 공간에 들어서서 우리의 정서적, 직관적, 상황적이고, 취약하며, 신체화된 자기를 떠나고 그리하여 이전에는 인간에게 결코 허용된 적 없는 비범하고 새로운 자유를 획득할 때, 동시에 필연적으로 우리의 핵심적 능력 중 일부를 잃게 될 수도 있다는 가능성이다. 그 능력이란 사물의 의미를 이해하여 적절한 것을 부적절한 것과 구별할 수 있는 힘, 학습에 필수적인, 성공과 실패를 진지하게 받아들이는 감각, 우리에게 사태의 현실성에 대한 감각을 주는, 세계를 최적으로 움켜쥐려는◆ 욕구이다. 더 나아가, 우리는 진정한 헌신의 위험을 피하려는 유혹을 받아서, 삶에 의미를 주는 것에 대한 감각을 잃을 수 있다. 사실, 이후의 내용에서 내가 보여주고 싶은 것은, 우리의 신체가 사라지고 가령 「세컨드 라이프」에서처럼 우리가 아바타(가상 신체)를 통해 산다면, 우리는 적절성에 대한 감

◆ maximum grip. grip은 프랑스어 prise의 번역어이며, 이는 드레이퍼스가 메를로-퐁티를 해석하며 사용하는 개념이다.(메를로-퐁티 자신은 maximum과 prise 두 용어 모두 자주 사용하지만, 둘을 결합시킨 maximum prise라는 개념은 사용하지 않는다.) 이는 주체가 세계와 신체적으로 관계하는 방식을 가리킨다. 말하자면, 전화기를 잡을 때나 야구공을 잡을 때처럼 우리는 언제나 대상을 최적의 방식으로 움켜쥐려 한다는 것이다. 이를 통해 드레이퍼스가 강조하려는 것은 우리가 세계와 단순히 지적으로 관계하는 것이 아니라 신체를 통해 관계한다는 점이다. 흔히 prise는 '파악'으로 번역되는데, 파악이라는 말이 본래 붙잡는다는 뜻을 가지고 있기는 하지만, 현재는 거의 정신적인 이해를 표현하기 위해서만 쓰인다는 점을 고려하면 '최적의 파악'이라는 말은 이러한 신체적 관계를 표현하기에 불충분해 보인다. 이 때문에 여기에서는 약간의 어색함에도 불구하고, prise를 '움켜쥠'으로 번역하였다. maximum grip에 대한 상세한 설명은 94쪽 이하 참조.

각, 기량을 습득할 능력, 현실이 가지는 저항성에 대한 감각, 최대한 유의미한 헌신을 하는 능력, 그리고 삶에 진지한 의미를 주는 신체화된 기분을 잃어버리리라는 것이다. 이것이 상충관계라면, 웹 안에서 웹을 통한 삶의 전망은 결국 그리 매력적이지 않을 수도 있다.

요약

1장. 하이퍼링크의 한계. 지적 정보 검색을 위한 희망, 그리고 인공지능의 실패. 어떻게 우리 신체의 실제 형태와 움직임이 우리가 세계의 의미를 이해하는 데에 결정적 역할을 하는지, 그리하여 신체성의 상실이 어떻게 **적절성 인지 능력의 상실**로 이어지는지.

2장. 원격학습의 신화. 가르치기와 배우기에서 중요성 파악의 중요성. 견습과 모방의 필요. 몰입과 현전 없이는 **우리는 기량을 습득할 수 없다.**

3장. 원격현전◆은 부재다. 신체는 현실을 우리가 움켜쥘 수 있게 하는 원천이다. 어떻게 원격현전에서 체화적 대처◆가 상실되는지,

---

◆ telepresence. presence의 경우와 비슷한 이유로, 이 책에서는 이를 '원격현전'으로 번역한다. 본서에서 이 말은 동영상 강의, 영상 전화, 원격로봇 조종, 인터넷 쇼핑 등 정보기술을 통해 우리가 멀리 떨어진 곳에 마치 직접 있는 것처럼 활동하게 되는 모든 경우를 일컫기 위해 사용된다. '원격 현장감'이나 '원격 출석' 같은 번역어가 사용되기도 하는데, 이러한 말들은 특수한 맥락에 국한되기 때문에 이 책의 일반적인 논의에 사용하기는 곤란하다.

◆ coping. 이는 세계에 대한 우리의 추상적이고 지적인 활동에 대립하는 맥락적이고 구체적인 신체적 행위를 가리키기 위해 드레이퍼스가 사용하는 말이다.

그리고 어떻게 이러한 상실이 **사람과 사태의 현실성에 대한 감각의 상실**로 이어지는지.

4장. 익명성과 허무주의. 우리 삶의 최대의 의미는 진정한 헌신을 필요로 하고 참된 헌신은 참된 위험을 요구한다. 웹에서의 삶의 익명성과 안전성은 필연적으로 그러한 진지한 의미를 결여한다.

5장. 기분과 중요성 파악. 가상 세계의 사람들이 기분을 경험할 수 없다면, 그들은 기억에 남을 초점적◆ 경험을 하지 못할 것이다. 의미가 충만한 경험을 못함은 말할 것도 없다.

◆ 앨버트 보그먼(Albert Borgmann)은 기술지배의 시대를 극복하기 위한 방법으로 초점적 실천(focal practice)을 제안한다. 초점적 실천이란 가족 모임이나 지역 모임 등 친밀한 작은 회합에서 사람들이 같은 기분을 공유하며 삶의 의미를 회복하는 실천이다. 이에 대한 상세한 설명은 174쪽 이하 참고.

제1장

하이퍼링크에 대한 과대선전

인공지능 문제라고 불리는 것 ― 인간이 지적으로 행동하는 방식에 충분히 가깝게 행동하는 기계를 만드는 것 ― 은 … 아직 해결되지 못했다. 더욱이, 빛이 보인다고 말할 만한 부언가가 나타날 조짐도 없다. "인슁 지능", "지능형 에이전트♦", "종복"과 같은 말들 ― 언론에서 우리가 듣는 이 모든 과대선전된 용어들 ― 은 우리가 처해 있는 곤경과 문제를 달리 표현한 것일 따름이다.

우리는 우리가 무엇을 좋아하는지를 알고서, 그리고 우리가 말하는 게 무슨 뜻인지를 알고서, 웹 및 우리의 맞춤 상점♦에 가서 검색을 할 수 있는 기계를 몹시 원한다. 그러나 그런 수준의 것은 전혀 가지고 있지 않다.

마이클 더투조스, MIT 컴퓨터 과학 연구소장[1]

웹 사용자 대부분의 주된 목표는 성공적인 정보 인출♦이다. 퓨 재단 Pew Foundation의 보고서에 따르면, "인터넷 사용자들 사이에서 검색 엔진은 아주 인기 있다. 인터넷 검색은 인터넷을 처음 쓰기 시작할

♦ intelligent agent. 에이전트는 어떤 목표를 위하여 주변 상황을 감각하고 또 거기에 모종의 방식으로 행위하는 자율적 개체를 말한다. 에이전트가 스스로 자료를 분석할 줄 알거나, 환경과 상호작용하면서 학습을 하거나, 기억을 저장하고 인출하는 능력을 가지는 등 우리가 지능이라고 부르는 것의 특성들을 가질 때, 이를 지능형 에이전트라고 한다. 자동으로 날씨 정보를 가져오거나 업데이트 된 웹사이트를 알려주는 스마트폰 애플리케이션이 지능적 에이전트의 예다.

♦ personal store. 인터넷 쇼핑 등에서 이용자의 취향, 선호, 조건, 필요 등에 맞는 상품들만을 선별하여 보여주는 서비스를 말한다.

[1] National Public Radio, "The Future of Computing", *Talk of the Nation, Science Friday*, July 7, 2000.

♦ retrieval. 정보기술과 관련하여 search와 retrieval은 모두 통상적으로 '검색'으로 번역되지만, search는 많은 자료들을 훑어 뒤지는 것을 뜻하고 retrieval은 원하는 정보를 가지고 돌아오는 것을 뜻하므로 엄밀히는 구별된다. 이 책에서도 search와 retrieval을 구별하여 사용하고 있기에, search는 '검색', retrieval은 '인출'로 번역하였다. '인출'이라는 말은 심리학에서 기억된 정보를 꺼내는 일을 가리키는 retrieval의 번역어로 사용되고 있다.

때 사람들이 가장 먼저 시도하는 활동 중 하나이며, 대부분의 사용자들은 검색 행위에 금방 익숙해진다. … 인터넷 사용자의 84퍼센트가 검색엔진을 사용한 적이 있으며, 임의의 하루 동안 온라인 사용자 중 56퍼센트가 검색엔진을 이용한다."[2] 웹을 검색해본 사람이라면 누구나 알다시피, 검색엔진의 힘은 지난 십년 사이에 극적으로 변화하였다. 현재의 상황을 이해하고 미래의 발전을 예상하기 위해, 우리는 빠르고 믿을만한 검색의 제공이 수반하는 문제들을 이해하고, 10년 전에는 검색이 어떻게 이루어졌고 지금은 어떻게 이루어지는지를 이해할 필요가 있다.

1999년 내가 이 책을 탈고했을 때, 내가 신뢰하는 판단을 했던 사람들은 월드 와이드 웹에서의 정보 검색의 미래에 대해 심히 비관적이었다. 그들이 제기했던 쟁점은 아직도 유효하지만, 우리가 곧 보게 될 것처럼, 그들의 비관적 전망은 그렇지 않다. 이 제2판에서 나는 초판의 서설을 축약하고 가볍게 편집한 버전으로 남겨둘 것이다. 그러나, 검색의 문제에 대한 당시의 이해가 역사가 되어버리고 믿을만한 연구자들의 태도가 거의 하룻밤 새에 바뀌게 된 시점까지만 유지할 것이다. 그 후, 이 장의 후반부를 이루는 새로운 내용에서는, 지금 가능한 것이 무엇인지, 어떻게 그것이 가능해졌는지를 설명할 것이다. 그리고 이러한 새로운 발전을 바탕으로, 나는 검색이 여기로부터 어디로 갈지를 예언하겠다.

1999년에 나는 이렇게 썼다.

---

[2] Fallows, D., ≪Search Engine Users≫, Pew Foundation, URL http://www.pewinternet.org/pdfs/PIP_Searchengine_users.pdf, 2005.12

웹은 광대하며 왕성하게 성장하고 있다. 최근의 계산에 따르면, 웹에는 10억 페이지 이상이 있으며, 최소 하루 100만 페이지의 속도로 계속하여 성장하고 있다.[3] (당신이 이 통계를 읽고 있을 때에 이 통계는 이미 아주 낡은 것이라는 점이 웹의 특징이다.) 웹에는 놀랄 만한 양의 유용한 정보가 있지만, 그것을 찾기는 점점 더 힘들어지고 있다. 문제는 웹에서 정보가 조직화되는(또는, "혼란스러워지는"이라고 하는 것이 더 낫겠다) 방식에서 발생한다. 웹이 작동하는 방식은, 이 방대한 정보의 각각의 요소가 하이퍼링크에 의해 다른 여러 요소들로 연결되는 것이다. 그러한 링크는 누가 만들든, 그리고 그 링크를 만든 이유가 무엇이든 간에 어떤 정보 요소든지 다른 정보 요소와 연결할 수 있다. 링크 제작자의 연상associations을 제약하는 어떠한 권위자도, 합의된 카탈로그 체계도 없다.[4]

---

[3] S. Lawrence and C. L. Giles, NEC Research Institute, "Searching the World Wide Web", *Science*, 280, April 3, 1998, p. 98. 더욱이, 규모를 이루는 것은 웹사이트나 페이지의 수만이 아니다. 웹 페이지에 삽입된 하이퍼링크의 수는 훨씬 더 많다.

[4] 아무것이나 아무것과 연결하는 이러한 "자유-링크"를 멈추려고 노력하는 흥미로운 최근의 소송이 있었다. 여기에서 한쪽 당사자들은, 원고(原告)의 웹페이지로 가는 링크를 만든 다른 쪽 당사자들을 고소했다. 물론 이것은 극소수의 경우일 뿐이다. "느슨한 애드호크라시"(lose ad-hocracy)라고 불려온 웹의 구동 방식에 저 사건이 유의미한 영향을 끼칠 것 같지는 않다. 이 사건이 반영하는 것은, 모든 것과 모든 것의 궁극적 링크에 **약간의** 제한을 두고자 하는 늙은 경비대원의 마지막 숨일 뿐이라는 점에는 의심할 여지가 없다.(역주: 즉석적인 것, 임시방편 등을 뜻하는 ad hoc과 체제를 뜻하는 −cracy를 결합한 ad-hocracy라는 말은 끊임없이 변화하는 사태에 맞추어 즉각적으로 유통성 있게 대처할 수 있는 조직 체제를 말한다. 애드호크라시는 전문가들로 이루어진 분권적, 수평적, 횡적인 체제로서, 가변적인 현대 사회에 관료제의 대안으로서 논의되고 있다.)

하이퍼링크는, 적절한 정보를 인출하는 데에 과거의 체계적 정리법보다 유용하기 때문에 도입된 것이 아니다. 오히려, 방대한 양을 정보를 이해할 필요도 없이, 그리고 그 정보에 어떤 권위적인 혹은 심지어 일반적으로 승인된 구조를 부과할 필요도 없이, 그저 컴퓨터의 속도와 처리 능력을 이용하여, 대량의 정보를 관계시키려는 자연스러운 방법이다. 그러나, 목적이나 의미에 대한 고려 없이 모든 것이 다른 모든 것과 연결될 수 있다면, 웹의 방대한 크기와 링크의 자의성으로 인해, 특정한 정보를 원하는 사람들이 해당 정보를 발견하기란 매우 어려워진다.

전통적인 정보 정리법은, 연관된 용어들의 의미 및 사용자들의 관심에 따른 분류 틀을 작성한 누군가―동물학자, 사서, 철학자―에 의존한다.[5] 그러면 사람들은 자신이 범주의 의미 그리고 새로운 정보의 의미라고 이해하는 바를 바탕으로, 새로운 정보를 이러한 분류틀에 넣을 수 있다. 그 정보를 사용하기를 원하는 사람은, 의미에 바탕을 두고 그 정보를 조직화하여서 사용자들이 관심사에 적절한 정보를 찾을 수 있게끔 분류를 발전시킨 사람들에게 의존해야 한다.

아리스토텔레스 이후, 우리는 각각 더 좁은 부류를 자기 아래에 가지고 있는 점점 더 넓어지는 부류의 계층체계 내에서 정보를 조직화하는 데에 익숙해져 있다. 그래서 우리는 존재자에서, 생명체로,

---

[5] 듀이 십진분류법이 이런 식으로 조직화되어 있다. 그것은 심지어 같은 항목이 서로 다른 두 범주 아래 정돈되는 것조차 허용하지 않는다. 그러나 이제 사서들은 더 많은 재량을 가지고 있으며, 같은 정보를 몇 가지 다양한 표제 하에 정돈할 수 있다. 예를 들어, 종교 철학은 철학과 종교 아래에 정돈될 것이다. 그러나 여전히, 동의된 계층적 분류법은 있다.

동물로, 포유류로, 개로, 콜리로, 래시로 내려간다. 그러한 수직적 데이터베이스 속에서 정보가 조직화되면, 사용자는 유의미한 연결을 따라갈 수 있다. 그러나 사용자가 특정 부류에 속하는 더욱 특정한 자료를 볼 수 있으려면, 그 부류의 정보에 전념해야 한다. 예를 들어, 내가 거북이에 대해 알고 싶은 것을 찾아낼 수 있으려면, 나는 동물에 대한 관심에 전념해야 한다. 그리고 일단 데이터베이스 내의 동물 계통에 전념하였다면, 나는 전념했던 것들을 통과하여 되돌아오지 않고서는 무한의 문제에 대한 자료를 검토할 수 없다.

그러나 웹에서 이루어지는 것처럼 하이퍼링크에 의해 정보가 수평적으로 조직화될 때, 조직화 원리는 부류와 원소의 사이의 관계가 아니라, 단순히 모든 요소들의 상호연결성이다. 계층은 없다. 하나의 층에서 모든 것이 다른 모든 것과 연결되며, 의미는 무관한 것이 된다. 그래서 하이퍼링크는, 적어도 어떤 희미한 방식으로라도 관계되어 있기만 하다면, 사용자가 하나의 자료 항목으로부터 다른 어떤 자료 항목으로도 직접 이동하는 것을 허용한다. 어떠한 페이지에서든, 몇 링크만 더 가면 웹 전체에 이른다. 하이퍼링크된 데이터베이스를 통해 사용자는 정보의 광대한 네트워크를 횡단하도록 부추겨진다. 그 정보 모두가 접근 가능하며, 어떠한 정보도 특권을 갖지 않는다. 그래서, 예를 들어, 브라우저가 추천한 거북이에 대한 정보를 포함하는 사이트들 가운데서, "거북이 ― 토끼와의 비교"라고 불리는 사이트를 클릭하면, 곧바로 제논의 역설에 대한 항목으로 가게 될 수 있다.

우리는 정보를 조직하고 인출하는 옛 방식과 새로운 방식에 초점을 맞추고, 하이퍼링크에 의해 가능해진 새로운 종류의 도서관과 옛 도서관 문화를 대조함으로써 각각의 매력을 알 수 있다. 표 1은 의미-지향적, 의미론적인 정보 구조화를 의미가 아무 역할도 하지 않는 형식적, 구문론적 구조화와 대조하고 있다.

하이퍼링크된 도서관의 사용자는 더 이상 세계에 대한 더욱 완전하고 믿을만한 모델을 원하는 고정된 정체성을 지닌 근대적 주체가 아니고,[6] 언제나 새로운 지평에 마음을 열 준비가 되어 있는 탈근대적이고 변화무쌍한 존재이다. 그러한 새로운 존재의 관심은 **의미 있는 것의 수집**이 아니라, **가능한 한 넓은 정보의 웹으로의 접속**에 있다.

웹 서퍼들은 급증하는 정보를, 새로운 형태의 삶에 기여하는 것으로 받아들인다. 이러한 형태의 삶에서는 의미와 유용성보다는 놀라움과 경이가 더 중요하다. 이러한 접근법은, 계층구조와 권위의 거부라는 발상을 좋아하며, 적절한 정보의 발견이라는 실천적 문제에 대해 염려할 필요가 없는 사람들에게 특히 호소력을 가진다. 그리하여 탈근대주의 이론가들과 예술가들은 하이퍼링크를, 우리의 데이터베이스를 조직화하고 무엇이 무엇에 적절한지를 우리 대신 결정해주는 익명의 전문가들로부터 우리를 자유롭게 해주는 방법으로 받

---

6 지금 사람들이 근대적 주체라고 지칭하는 것은 ― 루터, 출판언론, 새로운 과학에 힘입어 ― 사람들이 스스로를 자체충족적 개인이라고 생각하기 시작하면서 생겨났다. 변화하는 심적 상태 밑바탕에 있는 것으로서의 주체라는 관념은 데카르트가 도입했으며, 칸트는 모든 것을 객관화하는 자로서 주체가 자유롭고 자율적이어야만 한다고 주장했다. 4장에서 우리가 보게 될 것인데, 쇠렌 키에르케고르는 우리 각각이 주체로서, 우리가 누구이며 우리의 세계에서 유의미한 것이 무엇인지를 규정하는 고정된 정체성을 떠맡도록 부름을 받았다고 결론 내렸다.

아늘인다. 연결의 **양**이 연결의 **질**보다 더 높이 평가된다. 이러한 발상은 전형적인 미국식 민주주의의 느낌을 준다. 『포린 어페어스 Foreign Affairs』의 편집주간 파리드 자카리아의 관찰에 따르면, "인터넷은 전통, 기성 질서, 위계를 몹시 경시하며, 이는 아주 미국적이다."[7]

옛 도서관 문화	하이퍼링크 문화
분류 ㄱ. 안정적 ㄴ. 계층적 조직화 ㄷ. 구체적 관심에 의해 정의됨	다양화 ㄱ. 유연함 ㄴ. 단일 수준 ㄷ. 모든 가능한 연상을 허용함
사려 깊은 선별 ㄱ. 편집본의 질 ㄴ. 텍스트의 진위 ㄷ. 오래된 자료는 말소함	모든 것으로의 접근 ㄱ. 편집본의 포괄성 ㄴ. 텍스트의 가용성 ㄷ. 모든 것을 저장함
불변적 집합 ㄱ. 고정된 텍스트의 보존 ㄴ. 관심을 가진 탐색	역동적 집합 ㄱ. 상호텍스트적 진화 ㄴ. 놀이 같은 서핑

표 1 정보검색의 옛 체계와 새 체계의 대조

그러나 사용할 수 있는 자료를 원하는 사람은 그들의 현재의 관심사에 따라 그들에게 유의미하고 적절한 정보를 찾아야 한다. 그러나 하이퍼링크된 데이터베이스에서 어떤 것이든 다른 어떤 것으로 연결될 수 있다면, 이는 만만치 않은 과제다. 하이퍼링크는 온갖 종류

---

[7] Steve Lohr, "Ideas and Trends: Net Americana; Welcome to the Internet, the First Global Colony", *The New York Times*, January 9, 2000.

의 이유로 만들어지고 링크에는 한 가지 기본 유형밖에 없기에, 검색자는 그가 탐색하고 있는 정보에 도달하기 위하여 링크의 의미를 이용할 수가 없다. 문제는, 의미와 관련되는 한, 모든 하이퍼링크는 비슷하다는 것이다. 어떤 연구자가 표현한 대로, 검색 작업은 건초더미에서 바늘을 찾는 것보다 더 곤란하다. 그것은 바늘 더미에서 특정 바늘을 찾는 것과 비슷하다. 연결을 규정하는 의미론적 내용이 전혀 없다면, 웹 검색의 수단은 어쨌든 형식적, 구문론적인 기술일 수밖에 없는 것 같다. 이러한 기술은 자료 채굴이라고 불리는데, 이는 의미 없는 자료들 사이의 빈도와 같은 통계적 관계들을 추적한다.

유의미한 정보를 검색하기 위해 무의미한 기계적 연산을 이용해야 한다는 난점은 인터넷이 도래하고서야 생겨난 것은 아니다. 특정한 목적에 이바지하도록 조직화되어 있지 않은 데이터베이스를 특정한 목적과 관련된 정보를 인출하고자 검색할 때는 언제나 저 난점이 생겨난다. 전형적인 사례를 들자면, 연구자들은 자신의 관심 주제에 대한 출간된 논문을 찾아볼 수 있으나, 논문 제목에 있는 단어들만으로는 검색엔진이 검색자의 특수한 필요에 맞는 문서나 웹사이트만을 반환하게 할 수가 없다.

자료 인출DR을 정보 인출IR과 구별하는 것이 이 문제를 이해하는 데에 도움이 된다. 미시간대학교 컴퓨터 및 정보체계 교수 데이비드 블레어는 차이를 다음과 같이 설명한다.[8]

---

8 1999년에 미국 정보과학회는 데이비드 블레어의 책, *Language and Representation in Information Retrieval*, New York, Elsevier Science, 1990을 "올해 최고의 정보과학도서"로 선정했으며, 블레어 자신은 같은 해 같은 학회에 의해 "올해의 뛰어난

데이터베이스 관리 체계는 자료의 관리와 인출에 혁명을 일으켰다— 전화번호 안내소에 전화하면 미국이나 캐나다의 거의 모든 곳에 있는 그 누구의 전화번호라도 알 수 있다. 집에서 멀리 떨어진 어떤 도시에서도 자동입출금기로 걸어가 본래 은행 계좌에서 현금을 출금할 수 있다. 미시간의 매표소에 가서 샌프란시스코에서 공연하는 연극의 예약석을 구매할 수 있다. 그 밖에도 여러 가지가 가능하다. 이 모든 것이 가능한 것은 부분적으로는 지난 35년 이상에 걸쳐 발달해온 믿을만한 대규모 데이터베이스 관리 체계 덕분이다.

자료 인출은 "이름", "주소", "전화번호", "계좌잔고", "사회보장번호"와 같은 개체들 — 전형적으로 애매하지 않고 명확한 대상을 가지는 모든 항목을 처리한다. 그러나 문서의 지표 중 일부는— 문서의 작자 또는 제목처럼 — 명확한 의미와 대상을 가지지만, 많은 IR검색은 작자 또는 제목에 근거하지 않고 문서의 "지적인 내용"에 관심을 둔다. (가령, "서비스 산업에서 중부 유럽의 투자 전망을 분석하는 보고서라면 무엇이든 내게 가져오라") 지적인 내용에 대한 설명이 확정적인 경우는 거의 전혀 없으며, 거대한 인출 체계, 특히 WWW에서 주제에 대한 설명은, 아주 일반적인 검색을 제외한 모든 검색에 대해서 대체로 절망적일 정도로 부정확하고 불확정적이다.[9]

연구자"로 명명되었다.

9 David Blair, *Wittgenstein, Language and Information*, Springer, 2006, p. 287.

그러므로 WWW에서 알려진 URL을 검색하는 것은 간단하고 쉽다. 그것은 자료 인출의 정확성과 방향성을 가진다. 그러나 웹 검색엔진을 이용하여 특정 지적 내용을 지닌 어떤 웹 페이지를 검색하는 것은 아주 어려우며, 때로는 불가능하다.

자료 인출과 문서 인출 사이의 차이는 표 2에서 보이는 것처럼 요약될 수 있다.

웹과 웹 검색엔진이 도래하기 전에 문서 인출 문제의 해법으로 시도된 것은, 사람이 ─ 즉, 문서를 이해하는 색인 작성자가 ─ 문서의 내용의 설명을 보조하도록 하여, 그 문서를 원하는 사람들이 그 문서를 인출할 수 있도록 하는 것이었다. 그러나 웹 색인 작업을 할 카탈로그 작성자는 그야말로 충분치 않다. 웹은 너무나 거대하며 너무나 빨리 성장하고 있다.

초기 검색엔진은 단순히 단어들의 색인을 만들고, 이를 그 단어들을 포함한 문서들의 목록과 연결시켰으며, 단어가 제목, 본론, 초록 등에 있었는지 없었는지에 따라 점수를 부과했다. 그러나 연구자들이 일반적으로 동의하는 바는, 이 기술에 의해 주어진 검색어에 유용한 문서가 검색될 확률은 겨우 10퍼센트에 불과하다는 것이다. 분명한 것은, 컴퓨터만큼 빠르지만 인간의 관점에서의 중요성과 적절성을 이해한다는 추가적 장점을 가지고 있을 구문론적 검색엔진이 이상적이라는 사실이다. 이러한 절박함은 검색을 인도하기 위해 인공지능과 자연 언어 이해를 이용하려는 모든 새로운 시도로 이어졌다.

자료 인출	문서 인출
1. 직접적 ("나는 X를 알고 싶다")	1. 간접적 ("나는 X에 대해 알고 싶다")
2. 요청과 만족스런 대답 사이의 필연적 관계	2. 요청과 만족스런 문서 사이의 확률적 관계
3. 성공의 규준 = 정확함	3. 성공의 규준 = 유용성
4. 규모의 확대는 중요한 문제가 아니다	4. 규모의 확대는 중요한 문제이다

표 2 자료 인출과 문서 인출 사이의 차이

1960년대부터 인공지능 연구자들은, 입력의 형식 또는 형태에만 민감한 구문론적 엔진인 컴퓨터가 의미론 또는 의미에 민감한 인간처럼 행동하게끔 한다는 문제의 해결을 추구해왔다. 그래서 당연하게도, 웹 검색 기술을 개발하려는 연구자들은 인공지능에 의지하여, 검색하는 인간이 적절성을 인지할 수 있는 웹페이지만을 컴퓨터가 찾도록 프로그래밍하는 데에 인공지능의 도움을 받으려 했다.

1960년대에 인공지능 연구자들은 낙관적이었다. 세계에 대해 사람이 알고 있는 수백만 개의 명시적 사실들을 표상화한 뒤 주어진 상황에 어떤 사실들이 적절한지를 발견하기 위해 규칙을 사용할 수 있으리라는 데에 연구자들은 자신이 있었다. 그러나 1970년대 후반과 1980년대 초에 연구자들은, 인공지능을 만들어내기 위해서는 사람들이 공유하는 상식적 지식을 명시화하고 조직화해야 한다는 것을 마지못해 인정하게 되었다. 이는 엄청난 과제였다.[10]

---

[10] H. Dreyfus, *What Computers (Still) Can't Do*, 3rd edn, Cambridge, MA, MIT Press, 1992를 보라.

이러한 접근법을 지지하는 가장 유명한 사람은 더글러스 레나트이다.[11] 상식적 지식은 백과사전에서 발견되는 종류의 지식이 아니라 오히려, 백과사전 항목의 작성자들이 당연한 것으로 받아들이는 종류의 지식이라는 것을 레나트는 이해했다. 그러한 배경지식은 우리에게 너무나 명백해서 우리는 그것을 거의 눈치 채지도 못한다. 예를 들어 조지 워싱턴에 대한 항목을 이해하려면, 그가 국회의사당에 있었을 때 그의 왼발도 거기 있었다는 것, 그는 죽은 후 계속 죽은 채로 있었다는 것과 같은 사실들을 알 필요가 있을 것이라고 레나트는 지적한다. 그래서 1985년 레나트는 이후 10년 사이에 "수백 만 항목의 … 지식 기반을 가진, 단일 지능형 에이전트"를 만들어 냄으로써 이 상식을 포착할 것이라고 제안했다.[12]

레나트는 상식적 지식 데이터베이스인 CYC를 개발하는 데에 이제 15년의 시간과 적어도 천오백만 달러를 들였다. 그것은 정보의 요청과 같은 상식적 관심사를 이해하는 컴퓨터를 가능케 하려는 시도였다. CYC의 유용성을 증명하기 위해, 레나트는 사진 인출 시스템을 개발하였다. 이것은 정보 검색에서 어떻게 상식적 지식이 본질적 역할을 하는지를 보여주기 위한 예시였다. 이 시스템은 표제에 따라 온라인 상의 이미지를 인출하도록 되어 있다. 웹에서 찾을 수 있는 10억 장의 이미지 대신, 레나트는 간소하게 20장의 사진에서 시작한다. 스탠퍼드대의 한 교수는 그 시스템에 대한 경험을 다음과 같이

---

[11] D. Lenat and R .V. Guha, *Building Large Knowledge-Based Systems*, New York, Addison Wesley, 1990를 보라.

[12] 같은 책.

기술했다.

> CYC의 시험 가동은 20장의 이미지로 진행되었다. "휴식하는 사
> 람"이라는 요청은 수영복을 걸치고 서핑보드를 들고 있는 세 남
> 자가 있는 한 장의 이미지를 내놓았다. CYC는 그 이미지에 대해
> 이전에 입력하였던 속성과 휴식을 관련지음으로써 이 이미지를
> 찾아냈다. 그러나 20장의 사진에서조차, 그 시스템은 그리 잘 작
> 동하지 않는다.[13]

신체를 가지고 있다는 바로 그 점 때문에 우리는 휴식, 운동, 노력
등을 이해한다. 저 시스템이 그나마 작동하는 이유는 오직, 이러한
이해 중 일부를 CYC프로그래머들이 지식으로서 명시화했기 때문
이다. 그러나 신체화되어 있다는 것이 어떤 것인지에 대한 우리의
이해의 대부분은 너무나 우리에게 잘 스며들어 있고 너무나 행위지
향적이기에, 그런 이해를 명시화하여 탈신체화된 컴퓨터의 데이터
베이스에 입력할 수 있을지는 매우 의심스럽다.

물론 이는 일상적 삶을 사는 우리에게는 별 문제가 안 된다. 신체
를 사용함으로써, 또는 이러저러한 것을 하는 것이 어떤 것일지를 상
상함으로써, 우리는 신체와 관련된 질문에 대한 대답을 찾아낼 수 있
다. 예를 들어, 그저 팔굽혀펴기를 한다고 상상하기만 해도, 우리는
그 활동이 휴식이 아님을 이해한다. 그러나 CYC의 경우에는, 팔굽혀

---

[13] V. Pratt, *CYC Report*, Stanford University, April 16, 1994.

펴기를 하는 사람의 사진에 인간 프로그래머가 '노력을 하는 사람'이라고 꼬리표를 붙여 놓아야 할 것이다. 그래야만 CYC는 그 사람이 휴식하고 있지 않다고 "연역"할 수 있다.

일반적으로, 신체를 가짐으로써 우리는 우리 신체에 대한 무한정하게 많은 수의 사실들을 필요한 만큼 생성할 수 있다. 그것이 너무나 많기 때문에 우리는 그 모든 것을 명시적 지식으로 저장하지 않으며, 그럴 수도 없을 것이다. 그러나 CYC는 신체를 가지고 있지 않다. 따라서 우리가 이미 보았듯이, 데이터베이스로부터 필요한 정보를 인출하기 위해서 필요한, 신체에 대한 모든 사실이 CYC에 주어져 있어야 한다. 더욱이 CYC는, 어떻게 해야 확실히 알았던 사실을 이용하여 신체와 관련된 새로운 물음에 대답할 수 있는지를 여전히 이해하지 못할 것이다. 예를 들어, 사람이 껌을 씹으면서 동시에 휘파람을 불 수 있는지를 CYC에게 묻는다면, 씹기와 휘파람 불기에 대한 많은 사실을 CYC가 알고 있더라도 대답을 전혀 생각해내지 못할 것이다. 어느 신체를 가진 인간이 그러한 시도를 상상해본 후 CYC의 데이터베이스에 대답을 추가하기 전까지는 말이다. 그러나 어떤 요청과 관련될지도 모르므로 명시화하고 저장할 필요가 있을, 신체에 관한 그러한 사실의 수는 끝이 없다. 다행히도 신체를 가지고 있기에, 우리는 그러한 사실을 저장할 필요를 면한 것이다.

15년 전 레나트는 자신의 프로젝트에 착수하면서, 10년 뒤면 CYC는 인간의 도움 없이 신문 기사를 읽고 거기서 발견한 새로운 사실을 데이터베이스에 목록화할 수 있으리라고 주장했다. 이것은 각 사람이 관심을 가지는 정보를 찾아서 그에게 배달해주는 인공지능 에이전트를 기대하는 사람들의 꿈이다. 그러나 이 장 첫머리의 제사에서 마이클 더투조스가 명확히 하였듯이, 그러한 약진은 일어나지 않았다. 시카고대학교 도서관 대학원♦의 전前 학장 돈 스완슨이 지적하듯이, "기계는 의미를 인지하지 못하므로 문서 색인 및 분류 작업 과정에서 인간의 판단이 … 할 수 있는 일을 복제하지는 못한다"는 교훈을 얻을 수 있다.[14]

　레나트의 것과 같은 인공지능 프로젝트의 실패로 인하여 우리는 세계의 의미를 이해하는 데에 우리의 신체가 얼마나 중요한지에 주목하게 된다. 실로, 우리 삶의 형태는 우리와 같은 신체화된 존재에 의해, 그리고 신체화된 존재를 위해 조직화되어 있다. 그것은 손과 발, 안과 밖을 가지고, 중력장에서 균형을 잡으며, 뒤쪽보다는 앞쪽으로 더욱 쉽게 움직이고, 피로를 느끼며, 사이에 있는 공간을 횡단하고 전진하는 중에 장애물을 극복하면서 대상에 접근하는 등등의 신체를 가진 생물이다. 우리의 체화된 관심사가 우리 세계에 너무나 잘 스며들어 있기에, 신체가 어떻게 세계의 의미에 대한 이해를 가능케 하는지를 우리는 눈치채지 못한다.[15] 그것을 눈치채려면, 우리는 근본적으로 상이한 신체, 예컨대 구형이나 기체로 된 신체를 가

♦ 정식 명칭은 University of Chicago Graduate Library School. 사서를 위한 대학원 수준의 교육과 연구를 제공하기 위해 1928년에 설립되었으며, 1989년에 폐교되었다.

[14] D. Swanson, "Historical Note: Information Retrieval and the Future of an Illusion", *Journal of the American Society for Information Science*, vol. 32, no. 2, 1998, pp. 92-8.

[15] 우리가 시간, 공간, 대상을 경험하는 것을 가능케 하는 신체의 역할은 S. Todes, *Body and World*, Cambridge, MA, MIT Press, 2001에서 자세하게 다루고 있다.

진 생물이 세운 외계로 전송되어 방향상실을 경험하거나, 또는 그러한 외계 생물이 우리 세계에 들어와 겪는 속수무책의 혼란을 관찰해야만 할 것이다.

관련된 정보를 찾으려고 세계의 데이터베이스와 웹사이트를 검색할 때마다, 우리와 비슷한 신체 및 관심을 가진 존재에게 적절한 것이 무엇인지에 대한 신체화된 감각을 배경으로 사용할 수 있다면, 대단히 도움이 되리라는 것은 분명하다. 그러나 신체적인 존재이기에 우리가 가지고 있는 이해를 형식화할 수 있다는 희망을 가질 이유는 없다. 이는 상식적 지식을 명시화라는 목표의 달성에 레나트가 실패한 데에서 드러난다. 실로, 인공지능이 적절성 문제를 풀 수 있으리라는 희망은 이제 대체로 사라졌다. 계속 늘어나고 있는 방대한 양의 정보가 저기 있는데, 신체를 가지고 있지 않고 우리의 세계를 공유하지 않으며 그렇기에 우리의 문서와 웹사이트의 의미를 이해하지 못하는 컴퓨터를 통해서만 우리는 거기에 접근할 수 있는 것으로 보인다.

컴퓨터의 사용은 세계에 대한 우리의 신체화된 상식적 이해를 배제하도록 강요하는 것으로 보인다. 이를 따른다면, 우리는 컴퓨터의 방식대로 의미론을 형식적 부호들 사이의 상관관계로 대체함으로써 적절한 정보가 어디 있는지 알아내야 한다. 그래서 정보 인출 산업 전체는, 컴퓨터가 처리할 수 있는 의미 없는 기호들을 통계적으로 정정하는 방법을 통해서만 적절성에 대한 인간의 감각에 다가가려고 시도하는 웹 크롤러와 검색엔진을 개발하는 데에 힘을 쏟는다.

그러나 인터넷의 어마어마한 크기를 고려할 때, 구문론적 검색엔진은 기껏해야 관련된 사이트의 2퍼센트만을 찾을 수 있는 것으로 추산된다. 실상, 필요한 바로 그 정보를 찾아낼 가능성을 향해 느리지만 착실하게 나아가고 있다는 믿음이 타당하려면, 아리스토텔레스나 듀이 십진 체계의 분류법처럼, 세계가 나뉘어 있는 방식을 포착하는 동의된 분류법이 있어야 한다. 그러나 하이퍼링크의 세계에 그러한 형이상학적 구원의 해법은 있을 수 없다.

돈 스완슨은 이 점을 간명하게 요약한다.

> 지속적으로 유효하고 전적으로 자동적인 색인 작업과 인출은 불가능하다. 적절성에 대한 우리의 판단은 … 우리가 누구이고, 무엇이며, 어떤 종류의 세계에 살고 있는지, 그리고 우리가 찾고 있는 그것을 왜 원하는지를 알고 있음을 함의한다. 어떤 기제가 … 그러한 자기지식을 획득할 수 있거나, 수여받을 수 있거나, 또는 그러한 자기지식 없이 일을 할 수 있을 것이라고는 상상하기 힘들다.[16]

이것이 내가 1999년 이 책의 원고를 넘겼을 당시, 웹 검색의 미래에 대해 일반적으로 공유되던 비관주의였다. 웹이 거대하고 급속도로 성장하고 있었다는 사실은 낙담의 정당한 근거이기도 했고 또한 어떤 새로운 형태의 탈신체화된 인공지능이 어떤 종류의 의미론적

---

[16] D. Swanson, 앞의 책.

검색을 할 수 있으리라는 간절한 희망의 근거이기도 했다.[17] 스완슨이 한 것과 같은 합당한 단념에도 불구하고, 구문론적 검색을 향한 근본적으로 새로운 접근법이 이미 고안되고 있었다. 놀랍게도, 그 접근법에서는 웹의 크기의 성장이 절망의 원인이 아니라 낙관주의의 기회가 되었다.

매사추세츠 공과대학의 인공지능 선구자 테리 위노그라드는 인공지능 연구를 포기하고 스탠퍼드대학교로 옮겨 가서, 컴퓨터 과학 강의에서 마틴 하이데거를 가르치기 시작했다. 1995년에 그는, 웹 검색에 관한 연구 작업을 하고 있던 스탠퍼드대 학생 래리 페이지의 박사논문 지도를 맡게 되었다. 한편으로는 통계적이기만 한 상관관계, 다른 한편으로는 인공지능의 실패 둘 모두의 한계를 이해하는 위노그라드는, 웹 상의 수십억 개의 무의미한 하이퍼링크들을 이용할 수 있음을 보여주는 검색 절차를 그의 대학원생 제자가 개발할 수 있도록 공간을 터주었다. 그것은 무의미한 핵심어들의 색인 작업을 통해서도 아니었고, 그것의 유의미한 내용에 대한 이해를 통해서도 아니었다. 특정 관심을 염두에 두고서 검색을 하는 인간에게 웹페이지가 지니는 "중요성"을 채굴함으로써 이루어졌다. 수평적 구문론적 하이퍼링크가 아무것이나 아무것과 연결할 수 있기는 하지

---

[17] 실제로, 반복되는 실패에도 불구하고 어떤 새로운 약속이 언제나 곧 일어날 것 같다. 지적 웹 검색을 약속한 가장 최근의 회사는 파워셋이다. 현재의 희망은, 적어도 이용자가 일상 언어로 요청하는 것은 허용할 정도로, 그리고 이상적으로는, 또한 각 웹사이트에 쓰인 것의 의미를 컴퓨터가 이해할 수 있을 정도로 구문론적 자연 언어 처리가 이루어지는 것이다. 그러나 레나트가 20년 이상 붙들고 있었던, 신체화된 상식적 지식의 포착 문제는 풀리지 않았다. 그 문제는 그저 무시되었다.

만, 관련된 정보를 탐색하는 사람이 특정 사이트는 클릭하고 다른 사이트는 클릭하지 않는다는 사실은, 의미를 위해 채굴될 수 있다. 이를 깨닫는 것이 돌파구였다. "누구나 원하는 무엇이든 공표할 수 있는 통제 없는 하이퍼텍스트의 집합을 효과적으로 다루기 위하여 … 하이퍼텍스트에 있는 추가적 정보를 유용流用하는[할 수 있는] 실질적 거대 규모 체계를 만들어낸다"는 발상이었다.[18]

위노그라드와 그의 제자는 그들의 성공을 다음과 같이 보고했다.

> 우리는 검색에 유용한 속성들을 가진 웹의 링크 구조에 근거하여, '페이지랭크'라는 이름으로 웹페이지들의 전지구적 순위표를 개발했다. … 페이지랭크는 링크 구조만을 통해서 "중요성"에 얼마나 근사적으로 접근할 수 있는지를 보려는 시도였다. 우리는 페이지랭크를 이용해서 '구글'이라는 이름의 새로운 검색 엔진을 개발했다….[19]

구글의 새로운 점은, 그것이 발견한 것의 중요성을 파악하기 위해 인간의 검색에 대한 정보를 사용함으로써, 발견된 것의 의미를 이해할 필요가 있는 검색 알고리듬 없이도 의미에 대한 구문론적 검색을

---

[18] S. Brin and L. Page, "The Anatomy of a Large-Scale Hypertextual Web Search Engine", Computer Science Department, Stanford University, 1991.

[19] S. Brin, R. Motwani, L. Page, T. Winograd, What can you do with a Web in your Pocket?, Bulletin of the IEEE Computer Society Technical Committee on Data Engineering, 1998.

해낸다는 점이다. 이 저자들은 이렇게 표현한다.

웹페이지의 중요도는 읽는 사람의 관심과 지식, 태도에 바탕을
둔 본질적으로 주관적인 사안이다. 그러나 웹페이지의 상대적
중요성에 대해서 객관적으로 말할 수 있는 부분도 여전히 많다.
… 페이지랭크[는] 웹페이지들에 주어진 인간의 관심과 주목을
효과적으로 측정하여 그것들에 객관적이고 기계적으로 등급을
매기는 방법이다.[20]

브린과 페이지는 이렇게 설명한다.

페이지랭크는 웹의 방대한 링크 구조를 개별 페이지의 가치의
지표로 사용함으로써, 웹의 독특한 민주주의적 본성에 의존한
다. 본질적으로, 구글은 페이지 A에서 페이지 B로의 링크를 페이
지 A가 페이지 B에게 한 투표한 것으로 해석한다. 그러나 구글은
투표의, 또는 어떤 페이지가 받은 링크의 순수한 규모보다 훨씬
더 많은 것을 본다. 예를 들어, 그것은 투표를 하는 페이지도 분석
한다. "중요한" 페이지가 던지는 표는 더욱 큰 무게를 가지며, 다
른 페이지를 "중요하게" 만드는 것을 돕는다. 이런 인자 및 여타
인자를 사용함으로써, 구글은 페이지의 상대적 중요성에 대한
구글의 관점을 제공한다.[21]

---

[20] L. Page, S. Brin, R. Motwani, T. Winograd, *The PageRank Citation Ranking: Bringing Order to the Web*(1998). Stanford Digital Libraries SIDL-WP-1999-0120.

그들은 덧붙인다.

물론 중요한 페이지가 당신의 검색어에 부합하지 않는다면 아무
의미가 없다. 그래서 구글은 페이지랭크를 정교한 텍스트 매칭
기술과 결합시켜, 당신의 검색에 **중요**하면서 적절한 페이지를 찾
아낸다. 구글은 페이지에 어떤 용어가 등장하는 횟수를 훨씬 넘
어서서, 페이지의 내용의 (그리고 그것과 연결되는 페이지의 내
용의) 수십 가지 측면을 검토하여 그것이 당신의 검색어와 잘 부
합하는지를 결정한다.[22]

1999년에 나에게 정보를 제공해주었던 사람들은 성공적인 검색
이 곧 불가능해질 정도로 빠르게 웹이 성장하고 있다는 비관적인 결
론을 내렸다. 그럼에도 페이지, 브린과 위노그라드는 그들의 검색
방법이 정확히 WWW의 미래의 성장에 의존함을 보여주었다. 그들
은 이렇게 지적했다. "우리가 배운 중요한 교훈은 … **크기가 중요하
다**는 것이다."[23] 즉, 구글의 경우라면, 중요성에 관한 투표가 더 많을
수록, 즉 하이퍼링크로 연결된 웹사이트가 더 많을수록 더 좋다. 그
래서 구글의 등장과 함께 비관주의는 하룻밤 사이에 낙관주의가 되
었다. 페이지와 브린은 이렇게 결론 내린다. "우리의 중앙집중식 웹

[21] http://www.google.com/technology/의 "Our Search: Google technol-
ogy)"에서.
[22] 같은 곳.
[23] S. Brin, R. Motwani, L. Page, T. Winograd, *What can you do with a Web in your
Pocket?*, 위의 곳.

검색엔진의 구조가 적절한 텍스트 정보를 포괄하는 능력은 시간이 지남에 따라 강화될 것이며 검색의 미래가 밝다는 것을 우리는 낙관한다."

제2장

원격학습은 교육과 얼마나 떨어져 있는가?

거의 매년 지식의 양이 두 배로 늘어나는 상황에서, "전문성"의 유통 기한은 이제 하루 단위로 측정된다. 모든 사람은 학생이면서 교사여야 한다. 그리고 학습이라는 순수한 도전은 모든 정신과 모든 지식을 연결하는 전세계적 네트워크을 통해서만 이루어질 수 있다. 나는 이러한 기술의 새로운 물결을 하이퍼학습이라고 부른다. … 그것은 단일한 장치나 과정이 아니라, 지성을 소유하기도 하고 촉진하기도 하는 새로운 기술들의 세계이다. 하이퍼학습에서 하이퍼가 가리키는 것은 새로운 정보 기술의 비범한 속도와 범위만이 아니다. 지식, 경험, 미디어 그리고―인간의, 그리고 비인간의―뇌의 전례 없는 연결성도 가리킨다. … 심하게 장애를 입지 않았다면 사실상 누구든, 무엇이든, 어디서든, 언제든, "A 학점" 수준으로 학습할 수 있게 하는 기술을 오늘날 우리는 가지고 있다.

루이스 J. 페렐만, 『학교는 끝났다School's Out, Avon/Education』, 1993, 22-3쪽

1922년 토머스 에디슨은 "영화는 우리의 교육 체계에 혁명을 일으킬 운명을 타고 났으며…몇 년 안으로 영화는, 완전히는 아닐지라도 교과서의 사용을 상당 부분 대체할 것"이라고 예언했다. 23년이 지난 1945년에, 클리블랜드 공립학교의 라디오 방송국장 윌리엄 레벤슨은 "교실에서 휴대용 라디오 수신기가 칠판만큼이나 흔해질 날이 올 것"이라고 주장했다. 40년 뒤, 1950년대 말과 1960년대 초에 저명한 심리학자 B. F. 스키너는 그의 "교수教授 기계"의 초창기를 언급하면서 이렇게 썼다. "교수 기계와 프로그래밍 된 교육을 통해서 학생들은 표준적인 교실에 있는 것과 같은 시간, 같은 노력을 들여 두 배 더 배울 수 있을 것이라고 나는 조만간 말할 수 있을 것이었다."[1]

---

[1] T. Oppenheimer, "The Computer Delusion", *The Atlantic Monthly*, July 1997.

이제까지 20년 동안 컴퓨터는 교육을 재활성화할 새로운 기술로서 홍보되었다. 1980년대에 컴퓨터는 교습자로, 피교습자◆로, 연습교관◆으로 제안되었지만 이러한 착상 중 어느 것도 실현된 것 같지는 않다.[2] 각 학생들이 집에서도 전 세계의 훌륭한 교수자들에게 지도를 받을 수 있는 21세기의 새로운 교육 방법이, 월드 와이드 웹의 능력에 의해 어떻게든 가능해지리라는 것이 오늘날의 희망이다.

최근까지 미국의 많은 영향력 있는 인물들은 인터넷의 발달이 현재 우리의 교육 제도의 문제를 해결해 줄 것이라고 믿었다.[3] 중등교육 단계에서는 비좁은 교실, 기반시설의 부족, 또는 하향평준화를 걱정할 필요가 없을 것이었다. 대학 단계에서는 학생이 지나치게 많아서 발생하는 인구학적 난점들, 값비싼 종합대학의 접근 제한성,

---

◆ 이 표현은 Robert Taylor, *The Computer in the School: Tutor, Tool, Tutee*, Teachers College Press, 1980에서 가져온 것으로 보이다. 테일러는 이 책에서 컴퓨터가 교육에서 교수자, 도구, 그리고 피교수자로서의 역할을 할 수 있다고 주장했다. 컴퓨터가 피교수자가 될 수 있다는 발상은 우리가 가르치는 경험을 통해서 배울 수 있다는 믿음에서 비롯된 것이다. 그는 컴퓨터가 아이들로부터 배우는 역할을 할 수 있다고 보았다. 가령, 명령에 따라 선을 긋는 프로그램에게 사각형을 그리는 법을 가르침으로써, 아이는 사각형의 개념을 익힐 수 있는 것이다.

◆ 학생은 학습내용을 단순히 들으면서 배울 뿐 아니라, 연습을 하면서 익혀야 한다. 가령, 덧셈의 원리를 배우기만해서는 안 되고, 많은 덧셈을 함으로써 실제로 덧셈을 하는 데에 숙달해야 한다. 컴퓨터는 반복적으로 문제를 내고 정답을 검사할 수 있으므로, 컴퓨터가 연습교관으로서 교육에 이바지할 수 있으리라는 발상이 생겨났다.

[2] Dreyfus and Dreyfus, *Mind over Machine*, New York, Free Press, 1988, 5장을 보라.

[3] 이러한 낙관론은 중국에 퍼져 있는 것 같다. 2000년 8월 22일에 로이터는 이렇게 보도한다. "월요일에 중국의 주석 장쩌민은 전자메일, 전자 상거래, 원격학습, 원격진료가 중국을 변모시킬 것이라면서 인터넷을 강력하게 옹호하였다."

그리고 기량 요구조건의 변화에 따라 지속적으로 요구되는 재훈련 등에서 벗어날 수 있을 것이었다. 새로운 기술이 올바른 방식으로 쓰이게 된다면, 어디에 있는 누구든지 간에, 그들이 관련된 정보 기술을 숙달한 한에서는, 최상의 교육의 혜택을 받을 수 있으리라고 그들은 주장했다.

물론 많은 교육자들은 반대 관점을 견지한다. 말하자면, 교육은 교수자와 학생 사이의 얼굴을 맞댄 상호작용을 요구한다는 것이다. 예를 들어, "학습은 시간과 면대면面對面 친교를 요구하는 아주 사회적인 과정이다. 이는, 교수가 학생과 상호작용함을 뜻한다"라고 오벌린 대학장 낸시 다이는 확신한다.[4] 비슷하게, 『뉴욕 타임스』는 다음과 같이 보도했다. "원격학습의 무익함에 대해 비판적인 미국교사연맹American Federation of Teachers은 이렇게 지적한다. '교육자로서 우리의 모든 경험이 우리에게 말해주는 바는, 캠퍼스라는 공유되는 인간적 공간에서 이루어지는 가르침과 학습이 학부생의 경험에 본질적이라는 것이다.'"[5]

그러나 어느 쪽도 그들의 주장을 받아들일 이유를 제시하지 않는다. 어느 쪽에도 논증이 없는 이러한 교착상태 앞에서, 우리는 원격학습의 새로운 가능성에 비추어 교육을 세심하게 살펴보고 질문해야 한다. 원격교육은, 다양한 영역에서 기량을 갖춘 훌륭한 시민이 되기 위해 필요한 기량들을 학생들이 습득할 수 있게 해주는가? 아

---

[4] "The Paula Gordon Show", WGUN에서 2000. 2. 19 방영.

[5] T. Gabriel, "Computers Can Unify Campuses, But Also Drive Students Apart", *The New York Times*, November 11, 1996.

니면, 학습은 참으로 면대면 관여를 요구하는가? 만약 그렇다면, 어째서인가? 교실, 강당, 세미나실, 그리고 기량이 학습되는 어느 곳에서든, 거기서 도대체 어떤 일이 일어나고 있는가?

우선, 우리는 기량이 무엇이며 어떻게 습득되는지에 관해 명확히 할 필요가 있다.[6] 그러니까, 원격학습에 관한 상충되는 주장들을 평가하려 하기 전에 말이다. 나는, 어떤 특정 영역에서 그리고 일상적 삶에서 전문가가 되기 위하여 학생들이 지도, 실습, 그리고 마지막으로 직무 견습apprenticeship을 통하여 학습해가는 단계가 무엇일지를, 그리고 대가가 되기 위하여 그 이상으로 요구되는 것이 무엇인지를 간단히 그려보겠다. 그러고 나면 질문은 이렇게 된다. 이 단계들이 웹에서 시행되고 장려될 수 있는가?

1단계: 초심자

대체로 지도 과정은 강사가 과제의 환경을 맥락 없는 요인들로 분해함으로써 이루어진다. 이러한 요인들은 기대되는 기량 없이도 초보자들이 인지할 수 있다. 그리고는, 이러한 요인들을 바탕으로 행위를 결정하기 위한 규칙이 초보자에게 주어진다. 이는 마치 프로그램을 따르는 컴퓨터와 같다.

사례를 보여주기 위하여, 세 가지 상이한 경우를 고려하겠다. 그것

---

[6] 상세한 내용은 Dreyfus and Dreyfus, 앞의 책을 보라.

은 몸을 움직이는 기량, 머리를 쓰는 기량, 그리고 강의실에서 벌어지는 상황이다. 자동차 운전을 배우는 사람은 (속도계에 표시되는) 속도 같은 영역독립적 요인을 인지하는 법을 배우며, 속도계가 10을 가리킬 때에는 기어를 2단으로 올린다는 식의 규칙을 배운다. 체스 초심자는 배치와 무관하게 각 종류의 말이 가지는 가치를 수치로 배우고, "잡는 말의 가치 총합이 잃는 말의 가치보다 크다면 언제나 맞바꿔라"라는 규칙을 배운다. 또한 그는, 말을 맞바꿔서 이득이 되지 않는다면 중앙의 지배권을 노리도록 배우며, 중앙 칸을 규정하는 규칙 및 지배권의 정도를 계산하는 규칙을 제공받는다.

교실과 강의실에서 교사는, 학생이 특정 영역에 대한 이해를 계발하기 시작할 때 배울 필요가 있는 사실과 절차를 제공한다. 학생은 요점들을 인지하고 연습과 실습을 통해 절차를 따르는 법을 배운다. 이 단계에서처럼 학생들이 그저 정보의 소비자에 지나지 않는 한, 그들은 서로 함께 그리고 교사와 함께 교실에 있을 필요는 전혀 없다. 각 학생은 편리한 시간에 편리한 장소에서 자신의 단말기를 통해 배울 수 있다. 이런 식으로 인터넷이 더 향상된 버전의 통신강좌를 제공할 수 있음은 명확하다. 그러나 인터넷 열광자들이 이런 것을 가지고 목소리를 높이는 것은 아니다.

어쨌든, 현실 세계에서 그저 규칙을 따르기만 해서는 시시한 성과만을 얻을 뿐이다. 언덕에서 기어를 너무 일찍 올리거나, 차가 무거운 짐을 싣고 있을 때에 기어를 올리면 차는 멈추고 만다. 점수를 따기 위해 언제나 말을 맞바꾸는 체스 선수는, 전술적 이득을 얻기 위해 높은 가치의 말을 포기하는 상대방의 희생 전술의 제물이 될 것이 확실하다. 언어나 과학을 이해하는 것은, 요소들 및 그들을 관계시키는 규칙을 단순히 외우는 것 이상의 것이다. 학생은 사실을 필요로 할 뿐 아니라, 정보가 의미를 얻게 되는 맥락에 대한 이해도 필요로 한다.

2단계: 상급 초보자

초심자는 현실 상황에 실제로 대처하면서 경험을 얻고, 관련된 맥락에 대한 이해를 계발하기 시작한다. 그러면서 그는 그러한 상황이나 영역에서 의미 있는 추가적 면모들의 알기 쉬운 사례들을 주목하기 시작한다. 또는 강사가 그러한 사례들을 지적해줄 수 있다. 충분한 수의 사례를 본 후, 학생은 그것을 인지하는 법을 배운다. 그러면 교육적 **준칙**은, 초심자가 인지할 수 있는 객관적으로 정의된 비상황적 **요인들**뿐 아니라, 경험을 바탕으로 인지된 이러한 새로운 상황적 **측면**도 언급할 수 있다. 규칙과 달리 준칙은, 그 준칙이 적용되는 영역에 대해 이미 약간 이해하고 있을 것을 요구한다.[7]

상급 초보 운전자는 (비상황적인) 속도뿐 아니라 (상황적인) 엔진소리도 이용하여 언제 기어를 올릴지를 결정한다. 그는 다음과 같은 준칙을 배운다. 모터 소리가 질주하는 것처럼 들리면 기어를 올리고, 안간힘을 쓰는 것처럼 들리면 내린다. 엔진 소리는 요인들의 목록만

---

[7] M. Polanyi, *Personal Knowledge*, London, Routledge & Kegan Paul, 1958을 보라.

으로는 적절히 포착될 수 없다. 일반적으로, 관련된 구별을 하는 법을 배우기 위해서는 상황의 요인들만이 아니라 상황 속에서의 선택을 보여주는 몇 가지 사례가 필요하다.

체스 초보자는 경험이 쌓이면서 지나치게 벌어진 배치를 인지하고 그것을 피하는 것을 배운다. 또한, 정확하고 비상황적인 정의가 없음에도 약화된 킹 사이드라든가 강한 폰의 구조 같은 말의 배치의 상황적 측면을 인지하기 시작한다. 그녀는 이제 '약화된 킹 사이드를 공격하라'와 같은 준칙을 따를 수 있다.

학교에서는 정보에 지나지 않았던 것을 맥락화하여 학생이 그것의 의미에 대한 이해를 계발하도록 할 수 있다. 재료를 조직하고 의미 있게 하는 관련 측면들을 골라내고 인지하도록 도와주는 역할을 강사가 하게 된다. 단말기 앞에 있는 수동적인 학생들에게 측면들을 제공할 수도 있기는 하다. 그러나 학생이 현재 상황의 측면들과 마주치는 중에 강사가 그것들을 학생에게 지적해주고, 그 동안 학생은 주어진 준칙을 사용하려고 시도를 하는 것이 더 효과적이다. 여기에서 교사는 사고나 행위의 실제 상황에 학생과 함께 있을 필요가 있다.

학생들이 지시를 따르고 사례를 제공받는 이 단계에서도 아직 — 원격학습이든 면대면 학습이든 — 학습은 초연하고 분석적인 정신적 틀에서 이루어질 수 있다. 그러나 더 나아가기 위해서는 특수한 종류의 몰입이 필요하다.

3단계: 숙련성

더 많은 경험을 할수록, 학습자가 인지하고 따를 수 있는 잠재적 관련 요소와 절차의 수는 어마어마해진다. 이 단계에서는, 어느 특정 상황에서도 중요한 것이 무엇인지에 대한 감각은 부재하므로, 행위는 신경을 곤두세우는 고된 일이 되며, 학생은 도대체 누가 그 기량에 정통할 수 있기나 한지 의구심을 가질 수도 있다.

이러한 과부하에 대처하고 숙련성을 성취하기 위하여, 교습이나 경험을 통해서, 사람들은 계획을 짜거나 관점을 선택하는 법을 배운다. 그러면 상황이나 영역의 어떤 요소가 중요하게 다루어져야 하는지 그리고 어떤 것이 무시될 수 있는지는 그 계획이나 관점에 따라 결정된다. 학생 스스로 제한을 두어 방대한 수의 가능한 관련 요인들과 측면들 가운데 필요한 몇 개만을 제한적으로 다루는 것을 배움으로써, 이해와 결정은 더 쉬워진다.

당연하게도, 잘못을 피하기 위해, 숙련된 행위자는 어떤 계획이나 관점을 취해야 하는지를 결정하기 위한 규칙과 추론 절차를 추구한다. 그러나 그러한 규칙들은, 교본과 강의에서 초보자에게 주어지는 규칙과 준칙처럼 쉽게 얻어지는 것이 아니다. 사실, 어떠한 기량 영역에서도 행위자는 미묘하게 다른 방대한 수의 상황과 마주친다. 사실상, 명명되거나 정확히 정의될 수 있는 것보다 더 많은 상황이 있기에, 가능한 상황 유형의 목록 및 각각에서 하거나 찾아야 할 것의 목록을 학습자에게 준비해줄 수 있는 사람은 없다. 그러므로 학생은 각 상황에서 어떤 계획이나 관점을 취할지를, 그것이 성공적인 것으로 판명될지 확신하지 못한 채 스스로 결정해야 한다.

이러한 불확실성 때문에, 상황 대처는 그저 고될 뿐 아니라 두려운 일이 된다. 이 단계 이전에는, 규칙이 잘 통하지 않을 때 행위자가 자신의 잘못에 자책감을 느끼기보다는, 적합한 규칙을 제공받지 못했다고 정당화할 수 있다. 그러나 이 단계에서 결과는 학습자가 취한 관점에 의존하므로, 학습자는 자기 선택에 책임을 느끼게 된다. 종종 선택은 혼란과 실패로 이어진다. 그러나 때로는 일이 잘 풀리며, 숙련된 학생은 이제 초보자는 알지 못하는 일종의 고양감을 느낄 수 있다.

출구차선의 커브길로 고속도로를 벗어나는 숙련된 운전자는 기어 전환 여부가 아니라 차의 속도에 주목하도록 배운다. 속도, 노면 상태, 때맞춤의 중요성 등을 고려한 후, 그는 자신이 너무 빠르게 몰고 있지 않은지를 결정할 수 있다. 그러면 그는 액셀러레이터를 뗄지, 발을 모두 뗄지, 아니면 브레이크를 밟을지를 결정해야 하고, 이러한 행위 가운데 무엇을 하든 간에 정확히 언제 수행할지를 결정해야 한다. 사고 없이 커브길을 빠져나온다면 안심하며, 미끄러지기 시작하면 당황하게 된다.

여기에서 숙련자로 분류된 A급 체스 선수는 말의 배치를 검토한 후, 상대방이 자기 킹의 수비를 약화시켰으므로 킹을 공격하는 것이 타당하다고 결정할 수 있다. 공격하기로 결정한다면, 그녀는 공격함으로써 생기는 자기 배치의 약화를 무시하며, 공격에 필수적이지 않은 말을 잃는 것도 감수한다. 적의 킹을 방어하는 말이 가장 중요하게 된다. 공격에 가담하지 않는 말은 잃게 되므로, 공격의 때맞춤

이 매우 중요하다. 너무 일찍, 또는 너무 늦게 공격한다면, 말을 헛되이 잃고 지게 될 것이 거의 확실하다. 성공적인 공격은 희열을 불러오겠지만, 실수는 뼈아프게 느껴질 것이다.

우리가 탈신체화된 존재, 즉 난잡한 정서로부터 자유로운 순수 정신이라면, 우리의 성공과 실패에 대한 우리의 반응은 이러한 진지함과 흥분을 결여할 것이다. 우리는 마치 컴퓨터처럼 목표를 가지고 성취에 성공하거나 실패할 것이다. 그러나 승리하도록 프로그래밍된 체스 기계에 대해 존 호질랜드가 언젠가 말했듯이, 그것은 목표를 추구하지만, 승리에 이르면 그에 전혀 아랑곳하지 않는다. 그러나 우리와 같은 신체를 가진 정서적 존재에게 성공과 실패는 중요하다. 그래서 학습자는 자신의 관점 선택의 결과에 따라 자연스럽게 두려워하거나 고양되거나 실망하거나 의기소침하게 된다. 그리고 숙련된 학생이 자신의 임무에 점점 더 정서적으로 몰입할수록, 뒤로 물러나서 상급 초보자처럼 초연한 준칙 준수의 자세를 취하는 것은 그에게는 점점 더 어려워진다.

그러나 왜 온갖 정서적 스트레스가 학습을 오염시키도록 놓아두는가? 스토아학파 이후로, 특히 데카르트 이후로 서구에서, 우리는 감정을 억누르고 가능한 한 초연하고 객관적이 됨으로써 진보할 수 있다고 배우지 않았던가? 합리적 동기부여, 객관적 초연함, 정직한 평가가 전문성 습득을 위한 최선의 길이 아닌가?

몰입은 초연한 규칙 시험을 방해하기만 하고, 따라서 불가피하게 비합리적 결정으로 이끌고 이후의 기량 발달을 방해할 것처럼 보일 수도 있겠지만, 사실은 그 반대인 듯하다. 파트리샤 베너는 간호사들의 기량 습득 단계를 연구했다. 그녀가 발견한 것은, 훈련생이 정서적으로 몰입하여 일을 잘 해낸 기쁨을 받아들이고 또한 잘못으로 인한 자책감 또한 받아들이지 않는다면, 더 이상 발전하지 못하며, 결국은 근대 의학이 고려하는 모든 요인과 측면, 규칙과 준칙을 추적하려다가 소진되어 버린다는 것이다. 일반적으로, 몰입과 위험을 거부는 정체로, 그리고 결국은 권태와 퇴보로 이끈다.[8]

학생들은 교사를 모방하는 경향이 있으므로, 학생들이 탈신체화된 정신으로 물러날 것인지 학습 상황에 더욱 더 정서적으로 몰입할 것인지 여부에는 교사가 핵심적인 역할을 한다. 교사가 컴퓨터처럼 초연하다면, 학생들도 그럴 것이다. 반대로, 교사가 진리를 추구하면서 자신이 몰입함을 보여주고, 과감한 가설과 해석을 고찰하고, 학

---

[8] *From Novice to Expert: Excellence and Power in Clinical Nursing Practice*, Menlo Park, CA, Addison-Wesley, 1984, p. 164에서 파트리샤 베너는 이러한 현상을 설명했다. 더욱이, 위험을 감수하지 못하면, 전문성과 관련된 유연성이 아니라 경직성으로 이르게 된다. 위험을 기피하는 사람이 부적절한 결단을 했다가 문제 상황에 처하는 경우, 그는 어떤 종류의 위험한 상황을 기술함으로써 자신의 실수를 특징지으려 하고, 그 뒤에는 같은 유형의 상황을 회피한다는 규칙을 만든다. 극단적인 예시를 든다면, 주차공간에서 성급하게 차를 빼려다가 다가오는 차로부터 측면추돌을 당한 경우, 그 운전자는 너무 천천히 접근하는 것이 위험한 일이라고 착각하고, 접근하는 차가 있으면 결코 차를 빼지 않는다는 규칙을 지키기로 마음먹을 수 있다. 이러한 경직된 반응이 안전한 운전에 보탬이 되는 종류의 사례도 있겠지만, 이는 기량을 더욱 정교화하는 것을 가로막을 것이다. 이 경우, 그것은 주차공간에서 유연하게 차를 빼는 기량의 습득을 가로막는다. 일반적으로, 일반적 규칙을 따라서는 숙련 너머에 이를 수 없다. 운전자가 이와 상당히 다른 식으로 반응하여, 초연하게 무엇이 왜 잘못되었는지를 스스로에게 묻지 않고, 자신의 행위에서 통감되는 귀결을 받아들일 때에만 진보가 가능하다. 이렇게 한다면, 그는 앞으로는 너무 빠르게 차를 빼지 않게 될 것이다. 그러나 그는 무서운 경험, 또는 가급적이면, 보상을 주는 경험을 충분히 겪음으로서 결국 유연한, 기량 있는 운전자가 될 가능성이 훨씬 높다.

생의 제안과 반박에 열려있고, 그의 결론과 행위로 이끈 선택을 정서적으로 곱씹는다면, 학생들도 성공과 실패를 자신에게 중요한 것으로 여길 것이며, 그러한 결과를 가져온 선택들을 반복할 것이다.

교실과 강의실에서의 사안은 운전 중의 차 사고나 중요한 체스 게임에서 지는 위험보다 덜 극적이다. 그럼에도, 발상을 제시하고 방어하면서 그것이 실패할지 성공할지를 알아볼 위험을 부담할 가능성이 있다. 각 학생이 자기 컴퓨터 앞에 홀로 있다면, 그러한 위험 있는 몰입의 여지는 없다. 누구나, 언제나, 어디서나 강좌의 내용을 이용할 수 있게 되리라고 말할 때 원격학습의 제창자가 염두에 두고 있는 것은 익명적 정보 소비자의 통신 강좌 모델인 듯한데, 실상 이러한 모델은 그러한 몰입을 불가능하게 한다. 그러나 '언제나'는 빼고, 상호작용 비디오에서처럼 학생들이 모두 교수를 동시에 주목하며 주목하는 모든 이가 각 학생의 질문을 듣는다고 가정하더라도, 각 학생은 여전히 익명적이다. 학급에서 학생이 돋보일 일은 없으며, 또한 망신을 당할 위험도 없다. 교수의 긍정적이거나 부정적인 반응이 정서적 무게를 조금은 실을지도 모른다. 그러나 교수를 만난 적이 없고, 교수의 현전 앞에 있어 보지 않았다면, 교수에게 논평을 하고 반응을 얻는 것은 훨씬 덜 위협적일 것이다. 그러므로 다이 학장 및 미국교사연맹에 동조하는 것이 아마도 옳을 것이다. 신체화에 관한 인터넷의 제약은―면대면 학습의 부재―학생들이 숙련성 단계에 고착되도록 할 수 있다.

4단계: 능숙함

초심자, 상급 초보자, 그리고 원격학습자에게 특징적인 초연하게 정보를 소비하는 자세를 버리고 몰입하는 태도를 가지는 경우에만, 학생은 더욱 진전할 수 있는 준비를 갖추게 된다. 그러면 그 결과로 나오는 긍정적, 부정적 정서적 체험을 통해 성공적 반응은 강화되고 성공적이지 않은 반응은 저지된다. 또한, 행위자는 해당 기량에 대해 규칙과 원칙으로 이루어진 이론을 가지고 있었으나, 이는 점차 관련된 반응을 수반하는 상황 분별력으로 대체될 것이다. 이렇게 체화되고 비이론적인 방식으로 체험이 소화될 때, 그리고 오직 그때에만 능숙함이 발달하는 것 같다. 그래야지만 직관적 반응이 추론된 반응을 대체한다.

늘 그렇듯이, 이것은 행위할 때 가장 선명하게 드러난다. 행위자가 몰입한 채로 마주하는 각각의 다양한 상황을 분별하는 능력을 습득함에 따라, 학습자가 뒤로 물러나 특정 관점을 채택하겠다고 결정하지 않을 때에도 계획이 일깨워지고 특정 측면이 중요한 것으로 부각된다. 그 관점이 복잡한 경쟁의 승자라기보다는 그저 명백한 것인 경우, 우리가 성취하려고 노력하고 있는 일이 적절한 것인지 여부에 대해 덜 의심하게 된다.

이 단계에서, 경험을 갖추고 몰입하는 행위자는 각 상황을 직관적 관점에서 보지만 무엇을 해야 할지는 아직 배우지 않았다. 반응하는 방식의 수보다 상황을 보는 방식의 수가 훨씬 적기 때문에 이는 불가피하다. 능숙한 행위자가 자동적으로 대응하지 못하는 이유는 그저,

분별할 수 있는 각각의 상황에 대한 몹시 다양한 대응가능성의 결과들에 대한 경험이 부족하기 때문일 따름이다. 그래서 능숙한 행위자는 현재 상황의 핵심적인 구성요소를 자발적으로 본 후에, 상황에 아주 핵심적인 구성요소 및 덜 핵심적이지만 관련된 구성요소를 바탕으로 무엇을 할지를 여전히 **결정**해야 한다. 그리고 결정하기 위해, 그는 규칙 및 준칙을 초연하게 준수하는 것으로 되돌아와야 한다.

비오는 날 커브길에 들어서는 능숙한 운전자는, 자신이 위험할 정도로 빨리 가고 있다는 것을 **체감으로 느낄** 수 있다. 그러면 그는 브레이크를 밟을지, 액셀러레이터에의 압력을 특정할 정도로 줄이기만 할지를 **결정**해야 한다. 결정을 하는 사이에 소중한 시간을 잃을 수도 있다. 그러나 차의 속도가 과도한지 여부를 **결정**하기 위하여 속도, 경사각angle of bank, 체감 중력을 **고려**하느라 추가적인 시간을 쓰는 숙련된 운전자보다, 능숙한 운전자가 커브를 안전하게 넘어가기가 쉬우리라는 것은 확실하다.

마스터 등급의 능숙한 체스 선수에게 유의미한 체스 배치를 보여준다면, 그녀는 그 상황에 내재하는 핵심적인 판세를 직관적으로 거의 즉각 식별할 수 있다. 이어서 그녀는 무엇을 할지를 숙고한다. 예를 들어, 그녀는 공격해야 한다는 것은 알 수 있지만, 어떻게 해야 최선의 공격을 할 수 있는지는 계산해야 한다.

이 수준에 있는 학생은 무슨 문제를 해결해야 하는지는 알아보지만, 해답을 찾기 위해서는 상당한 노력을 해야 한다.

5단계: 전문성

자신의 기량 있는 활동의 세계에 몰두해 있는 **능숙한 행위자**는 무엇을 해야 하는지를 **알아보지만**, 어떻게 해야 하는지는 **결정**해야 한다. **전문가**는 무엇을 성취해야 하는지만을 보지 않는다. 자신이 가진 직관적 관점의 방대한 레퍼토리에 힘입어, 어떻게 해야 하는지를 즉각 알아본다. 전문가는 더 섬세하고 정제된 분별을 하는 능력을 가진다는 점에서 능숙한 행위자와 구별된다. 어떤 하나의 계획이나 관점에 따라서 모두 비슷한 것으로 드러나는 여러 상황에서, 전문가는 특정 대응을 요구하는 상황들을 다른 대응을 요청하는 상황들과 구별하는 법을 알고 있다. 즉, 같은 관점에서 드러나는 것임에도 불구하고 상이한 전술적 결단을 요구하는 다양한 상황들에 대해 충분히 경험했기 때문에, 전문가의 뇌는 점차 이러한 관점들을 하위 부류로 세분화한다. 이 하위 부류 각각은 특정한 대응을 요구한다. 이를 통해 전문성의 특징인 즉각적이고 직관적이며 상황에 맞는 대응이 가능하다.

운전 전문가는 속도가 위태롭고 너무 빠를 때 이를 체감으로만 느끼는 것이 아니다. 관련된 것으로 경험되는 여타 상황 구성요소들이 주어진다면, 대안들을 계산하고 비교하지 않고서도 적절한 행위를 수행할 줄 안다. 출구차선에서 그의 발은 그저 액셀러레이터를 올리고 브레이크에 적절한 압력을 가할 뿐이다. 행해져야 하는 일은 그저 행해질 뿐이다.

체스 그랜드마스터는 마음을 끄는 직관적 관점 및 최선의 수에 대한 감각을 경험한다. 훌륭한 체스 선수는 5~10초에 한 수씩 체스를 둘 수 있고, 이보다 더 빨리 둔다고 해서 실력이 심각하게 줄지도 않는다. 이런 속도에서는 거의 전적으로 직관에 의존해야 하며, 대 안들의 분석과 비교에는 거의 의존하지 않는다. 전문 체스 선수는 대략 십만 가지의 유형의 말의 배치를 구별할 수 있다고 추산된 바 있다. 다른 분야의 전문가적 수행의 경우, 경험을 바탕으로 수립된 행위와 연관된 직관적 관점들의 수는 비교적 클 것이다.

내용을 숙달한 학생은 현재 문제의 해법을 즉각적으로 알아본다.

물론, 초연한 숙고가 인간 전문가에게 유용한 것으로 판명될 수 있는 특별한 상황도 있다. 가령 마음을 끄는 하나 이상의 관점이나 행위가 직관적으로 주어지는 경우, 또는 상황이 충분히 새로운 것으로 여겨져서 아주 제한된 경험을 통해서만 배운 직관적 행동이 의심스러워지는 경우가 그렇다. 다른 종류의 숙고하고 노력을 들이는 행동이 지니는 역할을 나는—이미 전문적 수행의 상황에서도 이러한 행동이 사용되기는 하지만—대가의 성취를 논할 때에 살펴볼 것이다.

이 단계에서 교수자의 역할은 무엇인가? 학생은 자기가 하고 있는 일에 조그마한 무작위적 변화를 주고서, 그의 성과가 향상되었는지 그렇지 않은지를 확인함으로써 배운다. 물론, 이 조그마한 무작위적 변화가 무작위적이지 않았더라면—합리적인 변양이었다면 학습에 더 좋을 것이다. 무언가를 잘 하는 사람을 학습자가 관찰한다면, 학습자의 무작위적 시도는 좀 더 전망 좋은 시도로만 한정될 수 있다.[9] 그러므로 전문가의 활동에 대한 관찰과 모방이, 더 나은 행위 방식에 대한 무작위적 탐색을 대체할 수 있다. 이것이 일반적으로 견습생이 가지는 장점이다. 이것의 중요성은 전문학교에서 특히 명확하다.

전문학교가 반드시 지도해야 하는 한 가지 것은, 학생이 배운 이론이 어떻게 현실 세계에 적용되느냐는 것이다. 견습 제도 없이 이를 성취하는 한 가지 방법은, 이후 직업생활의 어느 시점에서 학생들이 임무를 행하게 될 환경을 학교가 모방하는 것이다. 경영대학원이 유익한 사례를 제공해준다. 미국의 경영대학원에서는 두 가지 방식의 사고가 경쟁한다. 한 방식은 소위 분석 학파에서 찾아볼 수 있는데, 여기에서는 대부분 이론에 초점을 맞추어 가르친다. 이러한 유형의 학파는 직관적 전문가인 유능한 경영인을 배출하기가 힘들다. 다른 전통은 사례연구에 바탕을 둔다. 여기에서는 실제 상황이 학생에게 제공되고 논의된다. 이쪽이 더 나은 결과를 낳는다.

그러나 많은 사례를 공부했다는 것만으로는 전문가가 되기에 충분치 않다. 숙련성에서 능숙함으로의 진보를 논의할 때에 이미 보았듯이, 사례는 학습자에게 중요한 것이어야 한다. 훈련자가 그저 물러나 앉아서 무엇을 해야 할지를 강구하려 하지 않고 스트레스 및 상황의 위험을 느낄 때에만 비행 시뮬레이터가 도움이 되듯, 학생이 정서적으로 몰입해야만 사례 연구 방법이 도움이 된다. 그러므로, 경영대학원의 사례 연구에서, 학생은 상황의 객관적 기술과 마주쳐서는 안 된다. 고위 관리자의 상황과 동일시하고 그의 골치 아픈 선택 및 이어지는 기쁨과 실망을 경험하도록 학생을 이끌어야 한다. 시뮬레

---

9 모방을 통한 그러한 학습에는 거울 뉴런이 역할을 할지도 모른다.(5장 184쪽을 보라.)

이션, 특히 컴퓨터 시뮬레이션이 유용하려면, 신체와 정서를 가진 학생을 끌어들여야지, 학생의 정신만 끌어들여서는 안 된다. 그러나 몰입을 낳는 가장 믿을만한 방식은, 학생이 관련된 기량 분야에서 작업을 하도록 요구하는 것이다. 그러므로 우리는 견습 제도로 돌아온다.

주제가 순수하게 이론적일 때조차 견습 제도는 필요하다. 그래서 과학 분야에서 박사후 과정 학생은 성공한 과학자의 연구소에서 공부를 하면서, 그들의 탈신체화된 이론적 이해가 어떻게 현실 세계에 영향을 미칠 수 있게 되는지를 배우는 것이다. 그들은 대가大家를 모방함으로서, 규칙이 없는 능력을 배운다. 가령, 연구가 잘 진척되지 않을 때 얼마나 오래 견뎌야 하는지, 각각의 상이한 연구 상황에서 얼마만큼의 정확도를 추구해야 하는지 등등을 배운다. 이론을 실천과 연결하기 위해 이러한 종류의 견습 제도는 필수적이다.

합의된 이론이 없는 인문학에서도 대학원생은 개인적 지도가 필요하다. 그래서 보통 그녀는 현업 교수와 상호작용할 수 있는 곳에서 조교가 된다. 교수자는 텍스트와 문제에 접근하고 질문을 던지는 어떤 스타일을 내보일 수밖에 없다. 예를 들어, 그는 그가 틀렸다는 것을 결코 인정하지 않는 호전적인 스타일을 내보일 수도 있고, 반박을 유발하고 자신의 실수로부터 배우는 수용적 스타일을 내보일 수도 있다. 조교가 발견하여 모방하는 것은 무엇보다도 담당교수의 스타일이다. 대체로 그들은 자신이 그렇게 하고 있다는 것을 깨닫지 못하지만 말이다. 비트겐슈타인처럼 영감을 불러일으키는 교수자의 경우, 그의 질문하는 스타일뿐 아니라 당혹해하고 절망스러워하는 몸짓까지도 모방하는 제자들이 몇 세대나 된다.

스타일을 전수하기 위해 이용할 수 있는 기술은 견습 제도뿐이다. 그러나 전문가가 자기 스타일의 복제품만을 낳는다면, 견습 제도는 쇠퇴로 이끌 것이다. 견습 제도라는 생각을 진지하게 고려한다면, 이러한 틀 안에서 새로운 스타일과 혁신적 능력이 어떻게 계발될 수 있는지를 물을 수 있을 것이다. 음악가들의 훈련이 실마리를 제공해준다. 당신이 실력 있는 음악가가 되기 위하여 훈련 중이라면, 이미 인정받은 대가와 함께 공부해야 한다. 견습생은 대가를 모방할 수 있을 뿐이다. 우리가 누군가를 존경하고 그들과 시간을 보낸다면, 그들의 스타일이 우리의 스타일이 되기 때문이다. 그러면, 견습생이 스승의 복제가 될 위험이 있다. 거장다운 실력의 예술가가 되려면 자신만의 스타일을 계발할 필요가 있는데도 말이다.

한 명의 대가만을 따르는 사람은 여러 대가들과 차례로 공부를 한 사람만큼 창조적인 연주자가 되지 못한다는 것을 음악인들은 경험으로부터 배웠다.[10] 그러므로 견습생은 자신의 첫 대가를 떠나서 다른 스타일을 가진 대가와 공부할 필요가 있다. 실상, 그는 그러한 여러 명의 대가와 공부할 필요가 있다. 중세의 직공은, 그리고 심지어 지금의 공연 예술가도, 자신만의 스타일을 계발할 준비가 되었을 때에 여행을 하면서 여러 실습 공동체에서 작업했다. 음악계에서 교수자들은 자기 학생들이 자신과 함께 얼마간 공부한 뒤 다른 교수자에게로 가도록 독려한다. 비슷하게, 대학원생은 흔히 여러 교수를 보조하며, 젊은 과학자는 여러 연구실에서 연구할 것이다.

---

[10] K. Nielsen, "Musical Apprenticeship, Learning at the Academy of Music as Socially Situated", *Nordic Journal of Educational Research*, vol. 3, 1997.

현대인들은 여러 교수자 아래에서 견습해야 하는 이유를 오해하기 쉽다. 예를 들어 우리는, 어떤 대가가 운지법이 뛰어나기 때문에 음악 견습생이 그녀에게 가고, 다른 대가가 프레이징에 뛰어나기 때문에 그에게 가고, 다른 대가가 강약법強弱法에 뛰어나기 때문에 또 다른 대가에게 간다고 생각하는 경향이 있다. 이는 기량을 여러 구성부분들로 나눌 수 있음을 시사하는데, 이는 잘못된 생각이다. 오히려, 한 대가는 하나의 총체적 스타일을 가지며, 다른 대가는 총체적으로 다른 스타일을 가진다.[11] 여러 대가들과 작업하는 것은 견습생을 불안정하게 만들고 혼란시킨다. 그리하여 견습생은 그저 어느 한 대가의 스타일을 복제하는 게 아니라, 자신만의 스타일을 계발하도록 강제된다.

---

[11] 견습 제도를 좀 더 자세히 살펴본다면, 이러한 종류의 훈련이 가르침뿐 아니라 시험에도 중요한 통찰을 포함하고 있음을 깨닫게 된다. 견습생은 대가를 모방함으로써 대가가 된다. 그는 과제 전체를 어떻게 해야 하는지를 차츰 배워 간다. 기량은 구성부분 각각을 통해서가 아니라 오히려 전체 기량의 작은 진보를 통해 학습되는 것이므로, 학생이 가진 해당 기량의 각각의 구성요소를 시험할 방법은 없다. 대가 다움이 관건이라면, 대부분의 대학에서 사용되는, 그리고 필연적으로 인터넷에서 사용되는 시험 방식은 유용하지 않으며, 심지어 반(反)생산적이다. 오히려, 어떤 단계에 있는 학생이라면 정통해야 한다고 가정되는 것의 구성요소로 가정되는 것에 견습생이 정통했는지를 알아보기 위하여 그를 주기적으로 시험하는 대신, 대가가 보기에 견습생이 자신의 솜씨를 배웠을 때에, 해당 전문 분야의 전문가가 보통 하는 일을 하도록 견습생에게 요구한다. 예를 들어, 견습생이 악기 제작을 배우고 있다면, 그에게 가령 바이올린을 만들라는 요구를 할 수 있다. 그러나 정규 곡선으로 점수를 주는 시험이 없다면, 그 도제가 좋은 바이올린을 만들었는지 여부를 누가 결정할 것인가? 전문가만이 말할 수 있다. 그래서 대가들이 모여서 견습생의 바이올린을 시험하기 위해 연주한다. 견습생이 좋은 바이올린을 만들었다면, 그를 다른 대가에게로 보낸다. 좋은 바이올린을 만들지 못했다면, 더 많은 경험을 쌓도록 작업장으로 돌려보낸다.

6단계: 대가

경험을 쌓으면서 우리는 자연스럽게 전문가라 불리는 사람이 될 수 있으며, 실제로도 그렇게 된다. 충분한 경험을 쌓는다면, 그렇게 되지 않기가 힘들다. 모든 동물들은 생존경쟁이 요구하는 일에 곧잘 전문가가 된다. 역설적으로, 오직 인간만이 어떤 기량 분야 내에서의 방대한 경험에도 불구하고 상급 숙련성에밖에 이르지 못하는 것처럼 보인다. 오직 인간만이, 기량 습득 교육의 첫 세 단계에서 전형적인, 규칙 기반의 숙고적 사고와 너무나 밀접하게 결부될 수 있고 어떠한 위험도 부담하기를 너무나 두려워할 수 있기 때문이다. 그러나 또한, 인간만이 대가가 될 수 있다.

대가를 특징짓는 것은, 규칙을 사용하는 숙련된 공연자나 숙고하는 전문가의 숙고와 아주 다른 종류의 숙고이다. 설명의 한 단계에서는, 장래 대가가 될 사람은, 전문성만으로는 충분하지 않다고 의식적으로 결단한다고 표현할 수 있을 것이다. 예를 들어, 어떤 사람은 자신의 직업에서 탁월함으로 여겨지는 것을 획득하기 위해 헌신할 수 있다. 그리하여 전문가의 행동이라고 여겨지는 것에 머무는 것에 불만족할 수 있다. 일반적으로, 좋은 성과에 만족하는 평균적 전문가와 달리, 대가가 되기 위해서는 학습자에게 필요한 것이 있다. 그는 전문가에게는 보이지 않는 탁월해질 기회를 탐색할 동기를 가져야 하며, 기량을 더 계발하는 동안 성과가 일시적으로 저하될 위험을 기꺼이 받아들여야 한다.

현실에 안주하는 전문가는 향상될 기회를 보지 못하는데, 대가가 되어 가는 중에 있는 사람은 어떻게 그것을 발견하는가? 이에 대답하려면 우선 기량 모델의 3, 4단계를 설명하면서 논했던 "관점"의 문제를 더 자세히 살펴보아야 한다. 상급 초보자에게 측면aspects이란, 경험의 분별가능한 부류에 대한 경험이라는 것을 상기하자. 가령 그것은 과부하가 걸린 자동차 모터 소리일 수 있다. 교수자가 그것을 식별하고 이름붙일 수는 있지만, 그것이 맥락 없는 요인들의 결합으로서 기술될 수는 없다. 숙련된 행위자에게 관점이란, 상황의 맥락 없는 요인들 및 측면들 가운데 어떤 것이 행동을 위한 지침으로 중요하고 어떤 것이 무관하거나 덜 중요한지를 심사숙고하여 선택하는 것을 뜻한다. 그러나 능숙한 행위자에게 관점이란 경험의 집합이라고 생각하는 것이 가장 좋다. 이런 경험의 대부분은 이름붙일 수가 없으며, 어떤 경험은 핵심적으로 보이고 다른 경험들은 덜 중요하거나 중요하지 않은 것으로 보인다.

장래 대가가 될 사람은, 자신이 전문적 행위자로서 직관적으로 경험하는 관점을 어떤 상황에서는 기꺼이 포기할 의지가 있어야 하며, 실제로 그럴 수 있어야 한다. 대가로서 꽃피기 시작하는 사람은 이용할 수 있는 "적절한 관점" 및 그것에 수반하는 학습된 행위를 저버리고, 숙고하여 새로운 관점을 선택한다. 이 새로운 관점에는 수반하는 행위가 없으므로, 그 전문가가 능숙한 행위자에 불과했던 시절에 그랬듯이, 수반하는 행위도 선택해야 한다. 이는 물론 수행능력의 퇴보라는 위험을 부담하며, 대체로 리허설 중이나 실습 시기에 행해진다. 코치 자신이 대가이거나, 대가격인 코치가 될 수 있을 정도로 배운 사람이라면, 때로는 코치가 상황을 경험하는 새로운 방식을 제안하거나 보여줄 것이다. 그러나 아주 의욕적인 전문가라면 코치 없이도 시험적으로 새로운 관점을 선택할 수 있다. 수행능력을 향상시키기 위해 관습적인 전문성을 의식적으로 무시하는 일이 일어날 때 그 결과로 생기는 정서적 보상의 경험을 통하여, 미래의 비슷한 상황에서 새로이 수립된 관점과 행위가 의식적 노력 없이 다시 나타날 가능성이 강화된다. 그 결과는 "상급 전문성"이라고 부를 수 있을 것이다. 몹시 의욕적이고 야심찬 대가는 일반적으로, 보상적 경험의 기억을 여러 번 반복하며, 애초에 그것에 수반했던 것과 같은 정서적 몰입을 가지고 반복한다. 이는 학습자의 레퍼토리에 있는 관점과 행동을 굳건히 하는 데에 도움을 준다.

이와 관계된, 대가에 이르는 또 다른 길도 있다. 어떤 기량 분야가 그 기량의 전문가에게 때로 숙고할 시간 없이 새로운 상황에 접근하기를 요구할 때, 그 전문가에게 이 길이 모습을 드러낸다. 탁월해지려는 동기부여가 되어 있다면, 그러한 전문가는 상황을 자발적으로 평가하고 즉각적으로 반응할 뿐 아니라, 평가와 반응이 성공적이라면 희열을 경험하고 그에게 실망스럽게 보인다면 불만을 경험할 것이다. 그러나 평범한 만족하는 전문가들과 달리, 대가가 되어가는 중에 있는 사람이 자신의 직업에 헌신한다면 그리고 시간이 허락한다면, 그는 성공을 상기하고 음미할 것이다. 대조적으로, 불만족스러운 경우에는 두 가지 가능한 대응 방식이 있는 듯하다. 그는 무엇을 해야 했는지에 대해 **숙고**하고, 미래에 비슷한 상황이 일어난다면 다른 방식으로 행한다는 규칙을 만들 수 있다. 그리고는 직관적 반응에 저항함으로써, 숙련도가 일시적으로 퇴보할 위험을 부담한다. 그러나 이러한 새로운 방식의 행위는, 바라건대, 더 많은 경험을 통해 직관적이 될 것이다. 또는, 무엇이 잘못되었는지를 분석하고 미래의 실수를 피할 규칙을 만들기보다는, 잘못되었을 때 일어난 일을 슬퍼하고 잘 되었을 때를 상기할 때 기뻐하면서 과거의 사건을 그저 곱씹을 수도 있다. 그러면 단순한 즐거움과 괴로움의 조건반응이 그의 뉴런을 재연결하여, 성공적인 수행유형을 반복하고 불만족스러운 방식의 행위를 미래에는 하지 않도록 이끌 것이다. 어느 쪽이든, 새로운 행동은 대가의 언제나 증대되고 있는 직관의 레퍼토리의 일부가 될 것이며, 이 레퍼토리는 비슷한 상황이 미래에 일어난다면 즉각적으로 활성화된다.

예를 들어, 점수를 얻기에 더 좋은 위치의 팀 동료에게 적절하게 공을 패스하는 뛰어난 능력으로 유명한 대가 수준의 프로 농구 선수의 경우, 그가 연습 중에 이를 많이 행하여 이 기량을 연마했으리라는 점에는 의심의 여지가 없다. 그는 자기가 선택한 스포츠에 헌신할 것이며, 연습 중의 성공을 음미하고, 연습 후 마음속에서 그 성공을 반복하였을 것이다. 걸작을 창조하기 위해 올바른 재료를 그저 자연스럽게 사용하는 법을 배우는 과정에서 헌신적인 장인은 재료를 통상적이지 않은 방식으로 조합하려고 노력할 것이며, 이 시도 중 일부는 성공적이고 일부는 그렇지 않을 것이다. 간호에 헌신하였기 때문에 대가로 성장하기를 추구하는 전문 간호사의 경우는 시행착오를 통한 향상에 의존할 수 없다. 그러나 관습적인 일을 했다가 바람직하지 않은 성과가 나왔으며, 그래서 다르게 했더라면 좋았을 것이라는 생각을 했다면, 간호사는 그 상황을 주목할 것이다. 그 상황을 곱씹음으로써, 또 무엇을 알아내고 무엇을 할 수 있었을지, 그것이 어떻게 더 나은 결과를 가져올 수 있었을지를 정서적으로 몰입하여 상상함으로써, 그녀는 미래의 비슷한 상황에서는 다르게, 그리고 어쩌면 대가처럼 대응할 것이다. 교수와 변호사는 때로 즉흥적 대응을 요구하는 직업이다. 여기에서 기량을 갖춘 전문적 교수와 변호사들은, 충분히 헌신을 하였다면, 대가에 이르는 숙고적 길과 대안적인 비반성적인 길을 둘 다 가지고 있으며, 이것들은 사건 이후에 시간이 허락할 때, 활용될 수 있다.

요약하자면, **전문가**가 학습할 때에는, 학습된 관점이 실패하는 상황에서 새로운 관점을 창조하거나, 직관적 행위가 부적합하다고 판명될 때 특정 직관적 관점에 따라 인도된 행위를 개선해야 한다. **대가**는 이를 계속할 뿐 아니라 또한, 적합한 전문가적 수행으로 생각되는 것을 이미 할 수 있는 상황에서도, 관습적인 전문성을 뛰어넘는 수행으로 이끌 새로운 직관적 관점 및 수반하는 행위에 열려 있다. 그러므로 대가의 뇌는, 전문가보다 더 높은 수준의 기량을 산출하면서도, 다른 작동 원칙을 사용하지 않는다. 오히려, 그들이 선택한 직업에 헌신하면서 생기는 이례적인 동기부여, 성공을 음미하고 곱씹는 능력, 학습 과정 중에 퇴보할 수 있는 위험에도 불구하고 기꺼이 인내하는 마음에 힘입어, 전문가의 뇌에 비해 대가의 뇌는 훨씬 더 많은 이용가능한 관점 및 수반하는 행위들을 예화하게 된다. 실습 덕분에, 이 관점들은 적절한 때에 환기되게 된다. 그리고 대가의 수행은 보통 전문가에게는 불가능한 수준의 탁월함까지 올라간다.

특정 분야의 전문가의 스타일을 모방함으로써만 기량을 습득해야 하는 것이 아니다. 아리스토텔레스가 실천적 지혜라고 부른 것을 획득하려면, 자기 문화의 스타일을 습득해야 한다. 아이는 세계로 들어오는 순간부터, 문화적 관습의 전문가가 되는 것을 배우기 시작한다. 이러한 과제에서 아이들은 맨 저음부터 자기 부모 밑에서 견습생이 되는 것이다.

우리의 문화적 스타일은 너무나 체화되어 있고 널리 퍼져 있기에 일반적으로 우리는 그것을 보지 못한다. 따라서 우리의 스타일을 다른 문화적 스타일과 대조해보고 그것이 어떻게 학습되는지를 비교해보면 도움이 될 것이다. 사회학자들은 서로 다른 문화적 배경을 가진 어머니들은 자기 아기를 상이한 방식으로 대한다는 것을 지적한다.[12] 예를 들어 미국 어머니들은 아기를 유아용 침대에 엎드려 놓는다. 그러면 아기는 잘 기어다닐 수 있다. 반면에 일본 어머니들은 아기를 눕혀 놓는다. 그러면 아기는 얌전히 누워 있을 것이며, 무엇을 보고 듣든 쉽게 잠들 것이다. 미국 어머니들은 아기가 활발히 움직이고 소리 내도록 부추기지만, 일본 어머니들은 아기를 훨씬 더 많이 달래고 진정시킨다. 일반적으로, 미국 어머니들은 능동적이고 공세적인 행동 양식을 촉진하는 방식으로 아기의 몸을 위치시키고 아기의 행위에 반응한다. 이와 달리 일본 어머니들은, 수동성 및 평온함에 대한 감수성을 촉진한다. 그래서, 미국 아기를 미국 아기로

---

[12] 스타일이 작동하는 방식의 요지를 이해하기 위해서, 나는 특정 사회학적 주장을 단순화하였다. 더 정확한 세부 내용은, 예를 들어 W. Caudill and H. Weinstein, "Maternal Care and Infant Behavior in Japan and America", *Readings in Child Behavior and Development*, in C. S. Lavatelli and F. Stendler (eds), New York, Harcourt Brace, 1972, p. 78을 보라.

만드는 것은 그 아기가 가진 미국 스타일이며, 일본 아기를 일본 아기로 만드는 것은 그 아기가 가진 아주 다른 스타일이다.

아기가 자기 자신과, 다른 사람과, 사물과 어떻게 마주치는지를 결정하는 것은 전반적인 문화적 스타일이다. 하나의 스타일로 시작해서, 다양한 관습들이 의미를 이루고 지배적이 될 것이며, 다른 관습들은 종속적이 되거나 전적으로 무시될 것이다. 예를 들어, 아기들은 결코 그냥 딸랑이와 마주치지 않는다. 미국 아기는, 자신을 표현하기 위한 소리를 많이 낼 수 있고 멋대로 바닥에 던져서 부모가 줍도록 하는 대상으로서 딸랑이라는 물건과 마주칠 때 마주친다. 일본 아기도 어느 정도는, 우연히도 딸랑이라는 물건을 이런 식으로 다룰 수도 있겠지만, 내 생각에 일반적으로는, 아메리카 원주민의 레인스틱◆처럼, 대체로 달래고 진정시키는 기능을 하는 것으로서 딸랑이라는 물건과 마주칠 것이다.

어떻게 무언가가 무언가**로서** 모습을 드러내는지를 스타일이 좌우한다는 것을 알게 되면, 우리는 한 문화의 스타일이 아기만을 좌우하지 않는다는 것을 알 수 있다. 각 문화의 성인들 역시 그 문화의 스타일에 의해 전적으로 형성된다. 예를 들어, 이미 일본 문화와 미국 문화에 대한 소묘를 제시하였으니, 일본의 성인은 자족적이고 사회적인 통합을 추구하는 반면 미국의 성인은 고집 있게 자신의 개인적 욕구의 충족을 계속해서 추구한다는 점은 놀랍지 않다. 비슷하게, 일본의 기업과 정치 조직의 스타일은 화합, 충성과 의견일치를 낳고

◆ 남아메리카 원주민들이 의식에서 사용하는 악기.

강화하는 것을 목표로 한다. 이와 달리 기업과 정치에서 미국인이 높이 평가하는 것은 자유방임 체계의 공세적인 활력이다. 이 체계에서 모두는 자신의 개성을 표출하기 위해 노력하며, 여기에서 국가, 기업 및 기타 조직들의 기능은 파괴적 불안정성 없이 만족될 수 있는 가장 많은 욕망을 최대화하는 것이다.

일상생활의 상식적 이해처럼, 문화적 스타일은 너무나 체화되어 있어서, 하나의 이론으로 포착될 수 없으며 말만을 통해 전수될 수 없다. 그것은 그저 신체에서 신체로 조용하게 전수된다. 그럼에도 바로 그것이, 우리를 인간으로 만들어주며 다른 모든 학습이 가능하도록 해주는 배경이다. 부모와 교수자들의 견습생이 됨으로써만 실천적 지혜, 즉 적합한 것을 적합한 때에 적합한 방식으로 하는 일반적 능력을 얻을 수 있다. 우리가 신체를 떠나서 사이버공간에 살아야 한다면, 아이를 양육하는 일 그리고 자기 방식으로 가공한 문화적 스타일을 아이에게 전수하는 일은 불가능해질 것이다.

결론

기량 습득의 첫 세 단계 이후의 매 단계에서, 몰입하는 것과 중요하게 여기는 것은 본질적이다. 규칙과 절차를 따르는 전문가 시스템◆처럼, 모라벡 등 미래주의자들이 상상하는 불사의 초연한 정신이란

◆ expert system. 인간 전문가를 모방하여, 입력된 지식과 입력된 규칙을 바탕으로 판단을 내리는 인공지능 시스템.

기껏해야 숙련 단계에 도달할 수 있을 뿐이다.[13] 정서적이고 몰입하고 신체를 기긴 인간만이 능숙해지고 전문적이 될 수 있다. 그래서, 교수자들이 특정 기량을 지도할 때, 그들도 육화되어야 하며 몰입을 장려해야 한다. 더욱이, 견습 제도를 통한 학습은 대가가 신체적으로 현전할 것을 요구하며, 우리 문화 안에서 타자와 공유하는 삶의 스타일을 익히는 것은 어른들의 현전 앞에 있을 것을 요구한다. 예이츠가 말했듯이, 이러한 원초적 수준에서 "사람은 진리를 체화할 수 있으나, 진리를 알 수는 없다."[14]

교육을 상세하게 살펴보면 — 핸즈온 코칭에서 시작하여, 필요한 몰입을 드러내기, 어떤 분야의 이론이 어떻게 현실 상황에 영향을 끼치는지를 보여주기, 자기만의 스타일을 발전시키기, 어떤 활동에 정통하기까지 — 원격학습이 얼마나 많은 것을 배제하는지를 알 수 있다. 실상, 특정 분야에서의 전문성과 대가다움 그리고 삶의 실천적 지혜를 가르치고자 한다면(우리는 확실히 이를 원한다), 우리는 월드 와이드 웹의 교육적 가능성에 대한 가장 중요한 철학적 물음과 마침내 마주치게 될 것이다. 다양한 분야에서의 기량을 습득하기 위해 그리고 자신의 문화에서 대가다움을 습득하기 위해 필요한 신체적 현전이 인터넷이라는 수단으로 어떻게 전달될 수 있는가?

---

[13] 현재 세계 체스 챔피언인 프로그램 딥 블루는 전문가들로부터 획득한 규칙들로 작동하는 전문가 시스템이 아니다. 전문가들은 기껏해야 200개의 가능한 수를 보지만, 딥블루는 1초에 10억 수를 보는 괴력을 사용한다. 그렇기에 아무 것도 이해할 필요 없이, 일곱 수 앞까지의 **모든** 수를 내다볼 수 있다.

[14] 예이츠의 마지막 편지. 죽기 직전에 엘리자베스 펠햄 부인에게 쓴 것. *The Letters of W. B. Yeats*, ed. Allen Wade, New York, Macmillan, 1955, 1922.

원격현전의 약속은 이 물음에 대한 긍정적 답변의 희망을 포기하지 않는다. 원격현전으로 인하여, 신체적 현전에서 본질적인 모든 것을 포착하는 방식으로 인간이 먼 거리에서 현전할 수 있다면, 원리적으로 모든 수준에서의 원격학습의 꿈이 성취될 수 있을 것이다. 그러나 충실한 교수자가 몰입을 촉진하는 교실에서의 코칭 및 강의실에서의 현전을 대체할 만한 것, 그리고 매일매일 드러나는 스타일을 지닌 대가가 견습생에게 현전하는 것을 대체할 만한 것을 원격현전이 내놓지 못한다면, 원격학습은 그저 숙련만을 낳게 할 것이며, 대가다움은 물론이고 전문성 수준에도 결코 닿지 못할 것이다. 그렇다면 하이퍼-학습은 그저 과대선전으로 드러날 것이다. 이제 우리의 질문은 이것이다. 원격현전은 현전을 얼마나 전해줄 수 있는가?

제3상

탈신체화된 원격현전과
동떨어진 현실

그녀는 지구 반대편에 살고 있는 아들의 이미지를 볼 수 있었고, 아들도 그녀를 볼 수 있었다. … "왜 그러니, 착한 아이야?" … "엄마가 와서 저를 보면 좋겠어요." "하지만 난 널 볼 수 있어!" 그녀는 소리쳤다. "뭘 더 원하는 거니?" … "나는 엄마저럼 생긴 뭔가를 보고 있어요…하지만 엄마를 보고 있지는 않아요. 나는 이 전화기로 엄마 목소리 같은 뭔가를 들어요. 하지만 엄마 목소리를 듣는 건 아니에요." … 불신 받고 있는 철학은, 저 가치 매길 수 없는 꽃이야말로 상호관계의 참된 본질이라고 천명했으나, 유일기계the Machine는 그 꽃을 무시했다.◆

E. M. 포스터, 『유일기계가 멈춘다』[1]

예술가들은 자기 시대보다 훨씬 앞을 내다본다. 그리하여 지난 세기의 전환 직후에 E. M. 포스터는, 평생 자기 방에 앉아서 세계와 전자적으로 접촉할 수 있는 시대를 상상하고는 개탄하였다. 이제 우리는

◆ 마지막 구절의 의미는, 이 문장의 앞뒤로 이어지는 구절을 보면 더 분명해질 것이다. 앞뒤의 구절을 보충하면 이렇게 된다. "'비행기에서…' 그는 말을 멈추었고, 그녀는 그가 슬퍼 보인다고 상상했다. 확신할 수는 없었다. 유일기계는 표현의 뉘앙스는 전송하지 않았기 때문이다. 그것은 사람들이 가진 일반적 관념만을 제공했다. 이 관념은 모든 실제적 목적에 충분하다고 바쉬티는 생각했다. 불신 받고 있는 철학은, 저 가치 매길 수 없는 꽃이야말로 상호관계의 참된 본질이라고 천명했으나, 유일기계는 그 꽃을 무시했다. 마치, 인공 과일 제조자들이 포도의 가치 매길 수 없는 꽃을 무시하듯이."

[1] E. M. Forster, *The Machine Stops*, The New Collected Short Stories, London, Sidgwick & Jackson, 1985. 부분적으로는 웰스의 과학 찬미에 대한 응답으로 1909년에 쓰인 「유일기계가 멈춘다」는 먼 미래를 배경으로 한다. 이때 인류는 식량과 주거, 의사소통과 의료를 위해 전세계적 기계에 의지하게 되었다. 대신, 인류는 지구의 표면을 버리고서 고립되고 움직일 수 없는 삶을 택했다. 각각의 사람은 지하의 육각형 칸을 차지하고 있다. 여기에서 신체적 욕구 모두가 충족되며, 유일기계(the Machine)에 대한 신앙이 주된 영적 지주이다. 사람들이 자기 방을 떠나거나 면대면으로 만나는 일은 드물다. 대신 그들은 유일기계의 일부인 전지구적 웹을 통해 소통한다.

이러한 문화적 단계에 거의 도달했다. 우리는 방을 떠나지 않고서 전세계의 최신 뉴스에 발맞추고, 쇼핑하고, 연구하고, 가족, 친구 및 동료와 소통하고, 새로운 사람을 만나고, 게임을 하고, 원격 로봇을 조종할 수 있다. 우리가 그런 활동에 관여할 때에 우리의 신체는 상관이 없고, 관심이 이끄는 어디에든 우리의 정신이 현전하는 듯하다.[2]

앞서 보았듯이, 그러한 원격현전의 성취를 향한 진보에 힘입어 우리가 상황적 신체라는 허물을 벗고 무소부재해지며 궁극적으로는 불사가 되는 도중에 있다고 일부 열광자들은 경축한다. 다른 사람들은 우리가 방에 머무른 채 인터넷을 통해서만 세계 및 다른 사람과 관계한다면 결국 고립되고 우울해질 것이라고 염려한다. 이 점은 서론에서 언급했던 카네기-멜론의 연구가 확증해주는 것 같다.

스탠퍼드대학에서 이루어진 더 포괄적인 최근의 연구는 이러한 고립을 확인했지만, 외로움과 우울함의 물음은 이어 나가지 않았다. 『뉴욕 타임스』는 이렇게 보도했다.

> 심리적, 정서적 쟁점에 초점을 맞춘 카네기-멜론 연구와 대조적으로, 스탠퍼드의 조사는 인터넷 사용의 폭넓은 인구적 양상 및 그것이 사회에 끼칠 수 있는 충격을 제시하려고 노력한다. … 인

---

[2] 이러한 의미에서 자신의 신체를 떠나는 일은 이론적 작업을 할 때에도 경험된다. 데카르트는 『성찰』을 쓰기 위해 정념과 행동할 필요로부터 자유로운 따뜻한 방으로 물러났다고 우리에게 말해준다. 물론, 초연한 이론적 관점에서는 인간이라는 것이 무엇인지에 대한 이상한 발상을 가질 위험이 있다. 실제로 데카르트는 그의 신체가 그에게 본질적이 아니라는 결론에 이르렀다.

터넷은 인간적 접촉이나 정서가 없는 원자화된 세계의 유령을 불러들임으로써, 미국에서 새로운 사회적 고립의 물결을 창조하고 있다고 나이 씨(연구 책임자)는 주장한다.[3]

카네기-멜론 조사의 후원자들처럼 스탠퍼드의 연구자들도 그들의 발견에 놀랐다. 탈신체화된 상호작용만 하게 될 때 우리가 잃게 될 것이 있다면 그것이 무엇인지를 전망하려는 노력을 아무도 하고 있지 않다고 연구자들은 탄식했다. "'인터넷이 무소부재해질 때 우리가 살게 될 세계가 어떤 종류의 것일지에 대한 명백한 질문을 아무도 하고 있지 않습니다.' 나이 씨는 이렇게 말했다."[4] 우리가 이 책에서 하려 하는 것이 바로 그 일이므로, 이를 계속 하는 것이 좋겠다.

마치 섬유처럼, 또는 우리가 헤엄치는 보이지 않는 대양처럼 점점 더 밀도가 높아질 광대한 네트워크를 통해서 우리 삶을 살게 될 때가 곧 올 것이라고 인터넷 애호가들은 주장한다. 이들은 이것을 대단한 기회라고 본다. 『와이어드』는 이렇게 말한다.

오늘날의 메타포는 그물망network — 어마어마하게 광대한 서로 연결되어 있는 접속점들 및 그 사이에서 입을 벌리고 있는 어두운 구멍들이다. 그러나 실이 불가피하게 더욱 팽팽하게 당겨지면서 그물망은 채워져서 직물이 되고, 다음으로는 — 어떠한 동

---

[3] J. Mark, "Portrait of a Newer, Lonelier Crowd is Captured in an Internet Survey", *The New York Times*, February 16, 2000.

[4] 같은 곳.

공도 없는―모든 곳에 스며드는 현전이 된다. 이것은 강력하면서도 눈에 띄지 않는다. … 컴퓨터 보안 및 병렬 컴퓨팅 전문가 에릭 브류어의 말에 따르면, 그것은 "당신의 삶을 더욱 낮게 만들, 거대하고 대체로 비가시적인 기반시설"이 될 것이다.[5]

현 상황이 계속됨에 따라 우리가 그러한 광대하고, 비가시적이고, 상호연결된 기반시설을 통해 삶을 영위하게 될 때가 곧 오리라는 점에 많은 사람들이 동의한다면, 우리는 이렇게 물어야 한다. "실제로 그것이 우리 삶을 더 낫게 만들어 줄 **것인가?**" 사이버 공간에서의 무소부재한 원격현전을 대가로 우리의 상황적 신체를 떠나야 한다면, 우리가 얻을 것은 무엇이며, 만약 잃을 것이 있다면, 그것은 무엇인가? 이 질문은 둘로 나눌 수 있다. 원격기술을 통해 **세계**와 관계한다는 것은 현실에 대한 우리의 일반적 감각에 어떤 영향을 끼칠 것인가? 그리고, 사람들이 원격기술을 통하여 **서로와** 관계할 때 잃을 것이 있다면, 그것은 무엇인가?(5장을 보라.) 이 질문들에 대답하려면, 먼저 다음의 더욱 일반적인 질문을 탐구해야 한다. 원격현전이란 무엇인가? 그리고 사태와 사람의 현전 앞에 있음에 대한 우리의 일상적 경험과 원격현전은 어떤 관계에 있는가?

근대를 사는 우리는, 어떻게 우리의 내적, 사적, 주관적 경험으로부터 빠져나와 외부 세계에 있는 사태와 사람의 현전 앞에 있을 수 있는지를 묻는 경향이 있다. 우리에게는 이것이 중요한 질문처럼 보

---

5 G. Johnson, *Wired Magazine*, 2000년 1월.

이지만, 언제나 이 질문이 진지하게 생각되었던 것은 아니다. 그리스인들은 인간을 세계를 향한 텅 빈 머리라고 생각했다. 성 아우구스티누스는 사람들이 내적 삶을 가지고 있다고 설득하는 데에 열심이었다. 『고백록』에서 그는 성 암브로시우스가 묵독을 할 수 있다는 놀라운 사실에 대해 논평하려고 몹시 애를 쓴다. "그가 책을 읽을 때 눈은 종이를 훑고 그의 심장은 의미를 탐구했으나, 목소리는 침묵해 있었고 혀는 정지해 있었다."[6] 그러나 내적 세계가 있다는 발상은 17세기 초에 와서야 힘을 얻을 수 있었다. 당시 르네 데카르트는 세 가지 상황으로부터 영향을 받아 정신의 내용과 나머지 실재 사이의 근대적 구별을 생각해냈다.

우선, 망원경과 현미경과 같은 도구들이 인간의 지각 능력을 확장하고 있었다. 그러나 그러한 간접적인 접근법과 함께 의심이 생겨났다. 그것은 인공기관을 통하여 보이는 것의 신뢰성에 대한 의심이었다. 교회는 태양에 점이 있다는 갈릴레오의 보고를 의심했다. 이안 해킹이 말해주듯이, "심지어 1860년대에 들어서도 현미경으로 보이는 소구체가 그 도구에서 생긴 인공물인지 생체의 진정한 요소인지에 대해 진지한 논쟁이 있었다.(그것은 실제로 인공물이었다.)"[7]

동시에, 감각기관 자체도 뇌로 정보를 보내는 변환기로 이해되고 있었다. 어떻게 눈이 빛에 반응하고 "시신경의 미세 섬유"[8]를 통해

---

[6] Saint Augustine, *Confessions*, trans. R.S. Pine-Coffin, London, Penguin, 1961, p. 114.

[7] I. Hacking, *Representing and Intervening*, Cambridge, Cambridge University Press, 1983, p. 194.

[8] René Descartes, *Dioptric*, *Descartes: Philosophical Writings*, ed. and trans.

정보를 뇌로 전달하는지를 설명함으로써 데카르트는 이러한 연구의 선구자가 되었다. 비슷하게, 데카르트는 다른 신경들이 다른 정보를 뇌로 보내고 거기에서 정신으로 보낸다고 이해했다. 그에 따르면, 이것은 세계에 대한 우리의 접근이 **간접적**이라는 점, 즉 사태는 결코 직접적으로 우리에게 현전하지 않으며 우리는 우리의 뇌와 정신에 있는 표상들을 통하여 사태를 경험한다는 점을 보여주는 것이었다.

데카르트는 더 나아가서 환상지를 가진 사람에 대한 보고를 이용하여, 우리의 신체에 대한 경험이 직접적인 것 같다는 데에 의문을 던졌다.

> 팔이나 다리가 절단된 사람들로부터, 그들이 아직도 때때로 절단되어 나간 부분에 고통을 느끼는 듯하다는 것을 알게 되었다 ─ 이는, 나의 사지 중 하나에 고통을 느낀다고 하더라도 나 역시 거기가 아프다고 확신할 수 없다는 생각거리를 주었다.[9]

그리하여 데카르트는 세계 그리고 심지어 우리의 신체도 결코 우리에게 직접적으로 현전하지 않고, 우리가 직접 경험하는 모든 것은 자기 정신의 내용이라고 결론 내렸다. 실상, 철학적 반성을 할 때에는 데카르트에 동의해야 하는 듯하다. 우리는 외부 세계에 직접 접근

Norman Kemp Smith, New York, Modern Library, 1958, p. 150.

[9] 같은 책, p. 235.

하지 못하고, 우리의 사적, 주관적 경험에만 직접 접근할 수 있는 듯하다.

이것이 우리의 참된 조건이라면, 원격현전으로서 인터넷을 통해 우리에게 전달되는 멀리 있는 대상과 사람에 관한 매개된 정보보다 더 현전적인 것도 없을 것이다. 그러나 세계에 대한 우리의 모든 경험이 간접적이라는 데카르트의 주장에 대한 응답으로 윌리엄 제임스와 존 듀이 같은 실용주의자들은, 정말로 중요한 물음은 세계에 대한 우리의 관계가 탈신체화되고 초연한 관찰자의 관계인지, 아니면 신체화되고 몰입한 행위자의 것인지의 여부라고 강조했다. 그들의 분석에 따르면, 현실과 직접적으로 접촉하고 있다는 감각을 우리에게 주는 것은, 세계 속의 사건을 우리가 조종할 수 있으며 우리가 행한 것에 관하여 지각적 피드백을 받을 수 있다는 점이다.

그러나 이러한 종류의 조종과 피드백조차도 조종자에게 현실과 직접 접촉한다는 감각을 주기에는 충분하지 않다. 우리가 켄 골드버그의 원격정원 팔[10] 또는 화성 소저너 같은 지연된 피드백을 가진 로봇을 조종할 때, 화면에 보이는 것은 원거리 장비에 의해 매개되는 것으로 보일 것이며, 그러므로 참된 원격-**현전**은 아닐 것이다.

그러나 상호작용적 로봇 조종에서, 실시간으로 사태 및 사람에게 기량 있게 대처할 수 있게 되는 시점이 올 것이다. 그러면 시각장애

---

[10] 켄 골드버그의 유명한 웹 아트 작품 "원격 정원"은 그러한 원거리 상호작용의 한 예다. 이 정원의 방문자들은 전 세계의 단말기로부터 로그인할 수 있다. 그들은 오스트리아의 박물관 안에 있는 6피트×6피트 크기의 작은 토지에서 로봇과 카메라를 조종하여 씨를 보고, 심고, 씨에 물을 줄 수 있다.

인이 자기 지팡이의 끝에 자신이 현전한다고 느끼는 방식으로, 예컨대 복강경 수술에서 의사는 로봇의 위치에 자신이 현전한다고 느끼게 될 것이다. 그러나 우리가 조작하는 대상들과 직접적으로 접촉하고 있다는 감각을 상호작용적 조종과 피드백이 우리에게 제공한다고 하더라도, 그것은 여전히 우리가 현실과 접촉하지 않고 있다는 모호한 감각을 우리에게 남겨둘 수 있다. 원거리에 관한 무언가가 직접적 현전에 대한 우리의 감각을 여전히 약화시킨다.

예컨대 집에 안전하게 앉아서 차를 원격조종할 때 우리는 돌발적 위험 상황에 대한 항상적 대비를 경험하지 못한다고 생각할 수 있다. 극단적으로 위험한 상황을 피한다는 것이 바로 원격조종 행성 탐사 차량 및 방사성 물질 취급 도구가 애초에 개발된 이유이다. 그러나 일상 세계에서 우리 신체는 언제나 잠재적으로 위험한 상황에 있다. 그래서 정신으로서만이 아니라 신체를 가진 취약한 인간으로서 현실 세계에 있을 때, 우리는 갑작스러운 위험에 늘 대비하고 있다. 우리가 초超-아이맥스 상호작용 화상에 몰입해 있어서, 차가 위험해 보이는 커브를 주행함에 따라 우리도 앞뒤로 흔들린다 하더라도, 이러한 취약함에 대한 감각이 부재한다면 우리의 경험 전체는 비현실적인 것으로서 느껴질 것이다. 그러나 엑스트로피주의자 같은 기술 신봉자들의 요점이 바로 이것이 아닌가? 기술로 조종되는 세계를 아주 잘 길들이면서 발전시켜서, 더 이상은 우리가 늘 경계하지 않아도 되게 될 수는 없는가? 그럼에도 그것은 여전히 현실같이 않겠는가?

모리스 메를로-퐁티는 이러한 질문에 대답하려고 하였고, 세계가 우리에게 직접 현전한다는 감각을 우리에게 주는 것이 바로 무엇인지를 기술함으로써 데카르트를 반박한다. 그는 우리가 신체를 가지고 있는 한 추방할 수 없는 기본적 욕구가 있다고 주장한다. 그것은 메를로-퐁티가 세계에 대한 최적의 움켜쥠이라고 부르는 것을 획득하는 욕구다. 무언가를 붙잡을 때, 우리는 최선으로 움켜쥐는 방식으로 그것을 잡으려는 경향이 있다. 일반적으로, 무언가를 볼 때에 우리는 최선의 거리를 생각도 하지 않고서 찾아내는 경향이 있다고 메를로-퐁티는 지적한다. 그것은 전체로서의 사물 및 그것의 다양한 부분 양쪽을 모두 관찰하기에 최선인 거리이다. 메를로-퐁티는 이렇게 말한다.

> 화랑에 있는 각각의 그림에 대해 그렇듯이, 각각의 대상에 대해서도 최적의 거리가 있다. 그것은 그 거리에서 볼 필요가 있다. … 그 거리의 이편이나 저편에서 우리의 지각은 과도나 결핍에 의해 혼란스러워진다. 그래서 우리는 최대의 가시성을 향하는 경향이 있으며, 우리는 현미경을 사용할 때처럼 더 나은 초점을 추구한다.[11]

메를로-퐁티에 따르면, 이러한 최적을 추구하는 것은 신체다.

> 가능한 한 다양한, 그리고 가능한 한 명확하게 분절된 시야를 지각이 나에게 제공할 때, 그리고 나의 운동 의도가 세계로부터

---

11 M. Merleau-Ponty, *Phenomenology of Perception*, trans. Colin Smith, London, Routledge & Kegan Paul, 1979, p. 302.

기대하는 반응을 받으면서 펼쳐질 때, 신체는 세계와 직결된다. [세계를 움켜쥐고 있다.] 지각과 행위에서의 이러한 최대의 선명함이 지각적 토대를, 나의 삶의 바탕을, 나의 신체와 세계가 공존하기 위한 일반적 환경을 정의한다.[12]

그래서 지각은 경험의 미규정성에 의해 동기화되며, 우리의 지각적 기량은, 규정**가능한** 대상을 우리가 최적으로 움켜쥐기에 충분할 정도로 규정된 대상으로 만드는 데에 도움을 준다. 더욱이 우리는 세계를 움켜쥐도록 움직이려 하는 신체의 경향성을 넘어서까지 진화하기를 원하지는 않을 것이다. 애초에 경험을 안정적인 대상에 대한 경험으로 조직하게끔 우리를 이끄는 것이 이 경향성이기 때문이다. 세계의 불확실성과 불안정성에 대한 우리의 항상적 감각 없이는, 그리고 그것을 극복하기 위한 우리의 항상적 움직임 없이는, 우리는 안정적 세계를 결코 가지지 못할 것이다.[13]

우리들 각각은 현행적으로 사태에 대처하고 있는 신체일 뿐 아니라, 신체를 가진 우리 각자는 어떤 특정한 사물은 물론 이를 넘어서 사물 일반에 대처하기 위해 항상 대비 하고 있음을 경험한다. 메를로-퐁티는 이러한 체화된 대비를 우르독사Urdoxa[14]◆ 즉 세계의 현

---

[12] 같은 책, p. 250.

[13] 이 주장은 Samuel Todes, *Body and World*, Cambridge, MA, MIT Press, 2001 에 상세하게 논증되어 있다

[14] Merleau-Ponty, 위의 책, p. 250.

◆ urdoxa. 이 용어는 본래 철학자 에드문트 후설(Edmund Husserl)이 사용한 용어이다. 그는 현상학의 창시자로서 하이데거와 메를로-퐁티 등 후대 현상학자들

실에 대한 "원초적 믿음"이라고 부른다. 이것이 사물의 직접적 현전에 대한 감각을 우리에게 준다. 그래서 인격현전에 현전의 감각이 있기 위해서는, 원거리에서 사태를 움켜쥘 수 있기만 해서는 안 되며, 맥락에 대한 감각도 가질 필요가 있다. 무엇이 나타나든 간에 움켜쥐기 위해 항상 대비하도록 요청하는 것이 이 감각이다.

우리가 대처하도록 되어 있는 세계에 삽입되어 있다는 감각을 알아채는 가장 좋은 방법은, 타인의 직접적 현전에 대한 경험을 원격회의 같은 원격현전과 대조하는 것이다. 원격현전을 제공하려는 기기를 개발하는 연구자들은, 고화질 텔레비전과 서라운드 음성을 도입하고 촉각과 후각 채널을 추가함으로써, 원거리의 사람과 사건의 현전 앞에 실제로 있다는 감각을 점점 더 성취해내려고 한다. "완전한 원격현전에는 투명 디스플레이 시스템, 고화질 이미지와 넓은 시야, 다중 피드백 채널(시각뿐 아니라 청각 및 촉각 정보, 심지어 습도와 기온과 같은 환경 자료), 그리고 이들 사이의 정보 일관성이 요구된다"[15]는 점에 과학자들도 동의한다. 원격기술이 우리에게 다중채널, 실시간, 상호작용적 결합을 더 많이 제공할수록, 우리는 원거리의 대상 및 사람의 완전한 현전에 대한 감각을 더 많이 가지게 될 것이다.

에게 많은 영향을 끼쳤다. doxa는 본래 그리스어로 의견 또는 믿음 등을 뜻하는데, 후설은 세계의 존재에 대한 우리의 믿음을 가리키기 위해 이 말을 가져왔다. 그 중에서도 가장 근본적이고 원초적인 믿음을, 독일어로 근원을 뜻하는 접두사 ur-를 붙여 'urdoxa'라고 불렀다.

[15] R. M. Held and N. I. Durlach, "Telepresence", *Presence*, vol. 1, pp. 109-11. Ken Goldberg (ed.), *The Robot in the Garden: Telerobotics and Telepistemology in the Age of the Internet*, Cambridge, MA, MIT Press, 2000에서 재인용.

그러나 그러한 다중채널 접근도 충분하지 않을 수 있다. 버클리대학의 로봇공학자 존 캐니와 에릭 폴로스는 인간-인간 상호관계를 시각, 청각, 촉각 등의 맥락독립적 상호작용 채널의 집합으로 분해하려는 시도를 비판한다. 면대면으로 대화하는 두 인간은 눈 운동, 머리 움직임, 몸짓, 자세의 미묘한 조합에 의존하며, 그러므로 대부분의 로봇공학자들이 실현하는 것보다 훨씬 풍부하게 상호작용한다.[16] 이들의 연구가 시사하는 바는, 신체화된 상호작용에 대한 전체론적 감각이 인간의 일상적 마주침에 핵심적일 수 있다는 점, 그리고 이러한 **상호신체성**은 ― 메를로-퐁티는 이렇게 부른다 ― 3D 영상, 스테레오 음성, 원격 로봇 조종 등을 결합시킨다고 해서 포착할 수 있는 것이 아니라는 점이다.

거기에 결여된 것이 바로 무엇인지는, 원격학습의 문제로 돌아올 때 잘 드러날 것이다. 우리는 완숙한 학습을 위해 필요한 교수자의 현전이 원격현전으로 포착될 수 있는지 여부를 물으면서 지난 장을 끝냈다. 이제 이 물음에 대한 답변을 제안할 수 있게 되었다. 그러나 우리는 기량 습득의 여섯 단계를 학습자의 관점에서 보지 않고, 교수자의 관점에서 볼 것이다. 그리고 원거리에서 기량을 가르치는 시도에서 교수자가 잃는 것이 있다면, 그것이 무엇인지를 물을 것이다.

교수자가 비디오테이프 녹화만 한다면, 원격현전이 전혀 없고 아주 많은 것이 확실히 상실될 것이다. 예를 들어, 학습 과정에서 위험

---

[16] J. Canny and E. Paulos, *Tele-Embodiment and Shattered Presence: Reconstructing the Body for Online Interaction*, in Goldberg (ed.), 앞의 책.(이에 대해서는 5장에서 더 다룰 것이다.)

이 중요하다면, 교수자와 학급이 함께 현전할 때에는 **양쪽 모두** 어떤 위험을 상정하는데, 이러한 위험은 그들이 상호작용하지 않을 때에는 생기지 않는다 — 학생은 강의 주제에 대한 자신의 지식을 보여주도록 호명될 위험을 지며, 교수자는 대답하지 못할 질문을 받을 위험을 진다. 만약 그렇다면, 원격 교육은 더 빈약한 학습 기회를 가져올 뿐 아니라, 더 빈약한 가르침을 불러올 수도 있다.

교수자가 학생을 가르친다고 생각하는 것은 옳다. 그러나 상호작용하는 교실 환경에서는 학생들이 교수자를 가르치는 경우도 있다. 교수자는 어떤 예시가 통하거나 통하지 않음을, 어떤 내용은 다른 내용과 다르게 제시되어야 함을, 어떤 사실이나 이론에 관해 그가 그저 틀렸음을, 또는 심지어 질문 전체를 보는 더 나은 방법이 있다는 것을 배운다. 가르치는 자와 배우는 자가 있으면 "좋은 대학"이지만, 배우는 자만 있으면 "위대한 대학"이라는 말이 있다. 그렇다면, 수동적 원격교육은 배움과 가르침에 있는 위험을 제거함으로써 학생과 교수자로부터 가장 중요한 것, 즉 배우는 법을 배울 기회를 빼앗는다.

도전적인 사례는 실시간 상호작용적 비디오 원격학습이다. 행정가들은 웹의 이러한 활용법을 비용 효율 측면에서 매력적이라고 생각하지 않지만 말이다. 그럼에도, 무언가가 원격현전을 산출할 수 있다면, 이런 종류의 기술이 바로 그렇다. 데이비드 블레어는 교실에서 학생들의 현전 앞에 있었던 자신의 경험 그리고 상호작용적 원격지도에서 자신의 경험 양쪽 모두에 대해 많은 숙고를 하였다. 그의 관찰의 일부는 다음과 같다.

첫 번째로, 실제로 학생들의 질문이나 논평 외에도 학습에서 많은 일이 일어난다는 것을 자주 깨닫습니다. 때로 학생이 질문을 할 때 나는 다른 학생들이 그 질문에 동의하면서 고개를 끄덕이는 것을 시야의 주변에서 볼 수 있습니다. 이것은 그 학생의 질문이 수강반의 나머지 사람들에게 중요하다는 것을 보여주며, 따라서 나는 그 질문에 충실히 대답하도록 더욱 신경을 쓸 것입니다. 관심 스펙트럼의 다른 쪽 끝에서, 나는 학생들이 지루해하거나 자거나 잡담하는 경우를, 이번에도 시야의 주변에서, 자주 볼 수 있습니다. 이는, 내가 강의의 속도를 높이고 학생들의 관심을 다시 모으려 노력할 필요가 있다는 뜻이지요. 수강반이 내 앞에 있을 때는 나의 노련한 관심이 쏠리는 것이 있게 마련이고, 나는 그것을 통제하는 방식을 익히고 있습니다. 하지만 원격학습에서 학생을 지도할 때는 그런 방식으로 카메라가 어디를 가리키는지 어디를 확대해서 보아야 할지를 통제할 수 없습니다.

두 번째로, 강의를 할 때 나는 내게 가장 편안하거나 가장 정보를 많이 주는 관점으로 이끌립니다. 그것은 강의마다 달라질 수 있고 심지어 강의 중에도 바뀔 수 있지요. 아마도 이것이 메를로-퐁티의 "최대의 움켜쥠" 개념과 비슷할 것입니다. 이러한 관점을 찾아내려면, 강의 중에 때로는 학생들에게 가까이 다가가고 때로는 거리를 두면서 돌아다닐 수 있어야 해요.

마지막으로, 교실의 학생들의 직접적 현전에 대한 나의 많은 감각은 그들과 눈을 맞추는 능력에서 옵니다. 컴퓨터에서의 CU-CMe ("당신을-보고-나를-본다") 기술에 대한 나의 경험에 따르면,

전송을 아무리 잘하든 간에, 시각 채널 너머로 눈을 맞출 수는 없습니다. 다른 사람의 눈을 들여다보기 위해 나는 카메라를 곧바로 들여다보아야 할 것인데, 그러면 다른 사람의 눈을 볼 수가 없을 것입니다. 눈을 보려면 나는 카메라로부터 화면에 비친 학생의 이미지를 향해야 하기 때문이죠. 카메라를 들여다보거나 화면을 볼 수 있지만, 둘 다 할 수는 없습니다.[17]

그렇다면 원격교습과 원격현전 일반에서 상실되는 것은, 세계를 더 잘 움켜쥐기 위해 나의 신체의 움직임을 통제할 가능성이다.

상호작용 비디오에서조차 또 상실되는 것은, 맥락에 대한 감각이다. 가르칠 때, 맥락이 되는 것은 방의 분위기이다. 일반적으로, 분위기는 사람들이 경험하는 것을 이해하는 방식을 좌우한다. 우리가 현재의 분위기에 조현될◆ 수 있게끔 하는 것은 신체다. 스스로에게 물

---

17 개인적인 대화.

◆ '분위기'와 '조현'은 각각 mood와 attunement를 옮긴 말인데, 이 두 용어는 모두 하이데거의 Stimmung의 번역어이다. 하이데거에 따르면, 우리는 항상 모종의 상태에 처해 있으며 그 상태에 따라서 세계를 다른 방식으로 경험한다. 가령, 즐거움에 빠져있을 때 우리는 주변의 사소한 일들도 모두 즐거운 것으로 느끼며, 허무함에 빠져있을 때 우리는 가장 즐거웠던 것조차도 무의미하게 여기곤 한다. Stimmung은 이처럼 우리가 세계와 만나는 방식을 규정하는 것이다. 이 말은 다양한 의미를 함축하고 있기 때문에 맥락에 따라 다양하게 번역될 수 있다. 개개인이 가지고 있는 상태와 관련해서는 '기분'이라는 번역어가 적절하다. 반면에 여기에서처럼 그러한 상태가 개개인 속에만 있는 것이 아니라 우리를 감싸고 있으며 우리가 공유할 수도 있음이 강조될 때에는 '분위기'로 번역하였다. 또한 Stimmung의 동사형인 stimmen은 악기의 음정을 맞춘다는 뜻도 가지고 있으며, 이러한 의미를 살려서 하이데거는 우리의 상태가 우리를 감싸고 있는 세계의 상태에 맞추어 조정된다고 말하기도 한다. 이러한 뜻에서 Stimmung은 영어에서 attunement로, 그리고

어 보라. 당신이 어떤 파티의 원격관람자라면, 그 분위기를 공유할 수 있을 것인가? 반면에, 당신이 파티에 **현전**한다면, 그 행사의 고양감이나 침울함이 공유되는 것에 저항하기가 힘들 것이다.[18] 비슷하게, 교실에는 언제나 공유되는 어떤 분위기가 있다. 무엇이 중요한지를—무엇이 흥미로운 것 또는 지루한 것으로, 긴요한 것 또는 주변적인 것으로, 유관한 것 또는 무관한 것으로 경험되는지를 결정하는 것은 그러한 분위기이다. 알맞은 분위기는 무엇이 중요한지에 대한 감각을 학생들에게 줌으로써 학생들이 계속 몰입하게끔 한다.

좋은 교수자가 그렇듯이, 블레어는 교실의 분위기에 민감하다. 그는 이렇게 쓴다.

> 강의에 대한 경험이 쌓여 가면서, 나는 수강반을 그저 학생들의 집합으로서만이 아니라 전체로서—단일 존재자로서 감각하기 시작했습니다. 나는 전체로서의 수강반이 집중함을, 또는 잘 반응함을, 또는 잘 반응하지 않음을, 또는 우호적임을, 또는 회의적임을, 등등을 느낍니다. 이러한 느낌은 이런 식으로 보이는 어떤 학생들의 총합이 아니고, 일종의 일반적 느낌이지요. 나는 이러한 특성을 예화하는 개별 학생에 대한 감각 없이도 이러한 느낌을 가질 수 있습니다. 청중을 원거리에서 볼 때 내가 그러한

이는 다시 한국어에서 통상 "조현(調絃)"으로 번역된다. 이에 대한 더 상세한 논의는 5장 176쪽 이하, 187쪽 이하 참조.

[18] M. Heidegger, *The Fundamental Concepts of Metaphysics*, trans. W. McNeil and N. Walker, Bloomington, IN, Indiana University Press, 1995, pp. 66-7.

것을 느낄 수 있게 해줄 원격소통 기기가 있을 것이라고 생각하
지 않습니다.[19]

블레어가 아주 적절하게 기술하고 있는 이러한 종류의 미묘한 상
호작용의 중요성에 대한 감을 잡기 위해서는, 거의 1/5 가격으로 영
화를 볼 수 있음에도 사람들이 거의 한 좌석에 60달러를 내고 연극
을 보러 간다는 사실을 생각해 볼 수 있을 것이다. 이것이 배우의
현전 앞에 있음과 관계가 있다는 것은 명백하다. 추정컨대 좋은 강
사처럼 배우들도, 모든 순간에 있어서, 미묘하게 그리고 대체로 무
의식적으로 청중들의 반응에 맞추어 조절함으로써 극장의 분위기
를 조절하고 강화하고 있을 것이다. 그러므로, 청중과 공연자의 공
동현전은 공연자와의 직접적 상호작용의 가능성을 청중에게 제공
한다. 그리고 연극에 생명을 주는 것이 공연자와 청중 사이에서 일
어나는 이러한 소통이라는 점은 명확해 보인다. 또한 극장의 관객은
누구를 주시할지를 선택할 수 있지만, 영화에서는 감독이 선택한
다. 따라서 극장의 관객은 그의 앞에서 일어나는 일에 능동적으로
몰입한다. 이 점이, 배우와 같은 세계에 현전함에 대한 그의 감각에
기여한다.

신체적 현전의 중요성을 이러한 방식으로 보면 새로운 질문이 제
기된다. 영화 및 CD는 연극 및 연주회와 다르다. 그러나 영화와 CD
각각은 나름의 방식으로, 그것의 신체화된 대응물만큼이나 움켜쥘

---

19 개인적 대화.

능력을 가지고 있는 것 같다. 분명히 어떤 무대 배우는 영화에서 연기하는 것을 배울 수 있으며, 어떤 라이브 연주자는 청중으로부터의 피드백 없이도 강렬한 효과를 산출할 수 있는 스튜디오 음악가로서 성공할 수 있다. 그렇다면, 멀리 있는 학생들을 보여주는 카메라와 마이크에서 오는 피드백을 이용하며, 멀리 있는 방의 분위기를 관리할 필요 없이 강의를 듣는 학생을 몰입시키는 것이 가능할 것이다. 이러한 가능성이 선험적으로◆ 배제될 수는 없다. 원격교육이 완전히 새로운 원격 교수자를 ― 현재의 교수자-라이브-공연자만큼이나 효과적인 교수자-영화배우를 ― 길러낼지 어떨지를 우리는 그저 기다리고 지켜보아야 할 것이다.

그럼에도 여전히, 영화/연극 비교를 우리가 끝까지 따라간다면, 자기 학생과 같은 방에 현전하는 기량 있는 교수자의 강력한 효과에 원격교수자가 비견될 수 있으리라는 발상은 그럴듯하지 않아 보인다. 방의 분위기에 대한 감각 및 공유되는 위험 없이는, 영화배우 교수자에 대한 학생의 몰입은 서로의 현전에 반응하는 학생과 교수자 간의 몰입보다 덜 강렬할 것이 거의 확실하다. 따라서 앞 장에서 내가 제안한 기량 모델을 고려하면, 적어도 교육의 분야에서는, 가르침을 더 경제적이고 더 유연하게 만드는 각각의 기술적 진보는 교수자와 학생이 서로에 대해 덜 직접적으로 현전하게 함으로써, 가르침

◆ a priori. 참인지 아닌지 여부가 경험에 의존하지 않고 이성적 추론에만 의존하는 지식을 뜻한다. 예를 들어, 삼각형 내각의 합이 180도라는 앎은 실제로 각도기로 측정한 어떤 삼각형의 내각의 합이 179도라고 할지라도, 기하학적 추론에 의해 증명되었기에 참인 선험적 지식이다.

을 덜 효과적으로 만든다. 개별교습으로부터 교실에서의 교습으로, 큰 상의실로, 상호작용 비디오로, 비동시적 인터넷 기반 강의로 가면서 몰입도와 효과의 감소가 드러나리라고 기대할 수 있을 것이다.

경제성과 유효성이 상충된다면, 우리는 결국 이중적인 교육 체계를 가지게 될지도 모른다. 형편이 되는 사람은 교수의 현전 앞에 있기 위해 원격 교육 학생이 지불하는 것보다 다섯 배 더 지불할 것이다. 이것은 개인 지도가 없는 다른 대학에 대비되며 옥스포드와 케임브리지로 대표되는 영국식 엘리트주의와 비슷한 엘리트주의로 귀결될 것이다. 이 엘리트주의야말로 원격학습이 낳는 민주적 평준화가 제거한다고 하는 대상이다.

대학 수준에서 원격학습이 열등함은 명확해 보인다. 그러나 인터넷의 강점이라고 생각되는 직업 지도나 박사후 지도는 어떤가? 인터넷에서의 지속적 교육의 장점에 대한 한 연구는 이 분야에 특징적인 은어와 부적절한 낙관주의의 전형을 보여준다.

> 분산된 교육은 원격교육을 아우르지만, 더 나아가서 교육의 자원들을 탁월성을 이루는 모듈적 구성요소로 전반적으로 분할하는 것까지 상상할 수 있게 해준다. 품질 보증된 학습 성취(증명서와 학위)를 인증하는 "사업"을 하는 어느 조직이든 저러한 구성요소들을 재조합할 수 있다. 그 결과는, 부담스럽지 않은 비용으로 편리하게 접근할 수 있으며 풍부해진 교육 환경일 것이다. 이 환경은 네트워크를 통한 학습용품의 전달 및 비동시적, 동시적 대화를, 학생 견습생들, 그들의 전문적 멘토들, 그리고 그들의

교육적, 직업적 조언자들의 학습 공동체 내에 통합시킨다.[20]

이러한 주장은 멘토와 견습 제도의 핵심을 완전히 놓치고 있다. 우리가 이미 본 대로, 대가의 역할은 어떤 분야의 이론을 현실 세계에서 적용하는 능력을 견습생에게 전달하는 것이다. 하지만 이렇게 물을 수도 있겠다. 왜 그저 작업 중인 대가를 녹화해서 그의 이미지를 원격견습생에게 전송하면 안 될까? 예를 들어, 일과 중에 인턴을 지도하는 의사의 머리에 카메라를 설치하고 마이크를 달아서, 의사 및 현전하는 인턴이 보고 듣는 바로 그것을 원격인턴이 보고 들으면 안 될까?

만약 원격 인턴이 놓치는 것이 있다면, 그것은 무엇일까? 또 다시 대답은, 상황에의 몰두다. 의사가 관심을 집중시키는 곳이 어디든 간에 그의 이마에 고정된 카메라는 그곳을 볼 것이다. 그러면 의사가 현재 보고 있는 것은, 병원에 실제로 현전하는 인턴들보다 원격인턴에게 더 잘 보일 수도 있다. 그러나 문제는, 의사가 어느 세부에 주의를 기울이며 주시하는지를 결정하는 것은 전체 상황에 대한 의사의 민감성이라는 점이다. 그러므로 의사의 머리에 있는 카메라를 통해 원거리의 학생들은 환자의 조건 중 어느 요인을 의사가 보고 있는지는 정확히 보겠지만, 의사에게 그 요인이 두드러지도록 하여 그가 그것을 주시하게끔 만든 배경은 보여주지 않을 것이다. 의사가 주의를 기울이는 대상에 대한 원격방송된 이미지로부터 원격인턴이 무언가

---

[20] W. H. Graves, "'Free Trade' in Higher Education: The Meta University", *Journal of Asynchronous Learning Networks*, vol. 1, Issue 1 – March 1997.

를 배우리라는 것은 확실하다. 그러나 원격강의에서 교수가 원거리 강의실의 카메라 조작자 및 음성 엔지니어의 포로인 것과 정확히 마찬가지로, 원격인턴은 언제나 의사의 주의 집중의 포로가 된다. 그러나 중요한 것을 주시하는 능력이야말로 인턴 진단의가 배워야 할 가장 중요한 기량 중 하나다.

그러면, 또한 병원의 포괄적인 전체 장면을 녹화하고 전송하는 카메라와 마이크를 쓰면 안 될까? 그러면 원거리 인턴은 분할 화면으로, 의사가 주의를 집중하는 대상과 배경 양쪽을 볼 수 있을 것이다. 그리고 전체적인 장면 속에서 의사의 주의를 불러일으킨 그러한 요인들을 주목하는 법을 배울 수 있을 것이다.

강의실의 사례처럼, 여기에서도 악마는 현상학적 세부 안에 있다. 그 상황에 실제로 몰입한 의사의 경우, 그에게 두 가지 시야가 — 해석되지 않은 상황의 광각 시야와 그가 초점을 맞추고 있는 세부 근접 시야 — 있는 것 같지는 않다. 진단의 대가로 성장하는 과정에서 그 의사는, 어떤 요인과 측면이 유의미한 것으로서 자발적으로 두드러지는 이미-해석된 상황을 보는 법을 배웠다. 이는, 낯선 도시에 익숙해지면서, 도시가 건물과 거리의 범벅처럼 보이기를 멈추고 메를로-퐁티가 익숙한 생김새◆라고 부른 것을 발달시키는 것과 비슷하

◆ physiognomy. 메를로-퐁티가 사용하는 physionomie라는 말의 번역어이다. 본래 이 말은 얼굴을 뜻하는데, 단순히 객관적인 얼굴이나 얼굴의 개별 특징들이 아니라 얼굴이 전체로서 가지는 표정 및 특징을 뜻한다. 또한 더 일반적으로, 어떤 대상이 가지는 전체적인 특징을 뜻하기도 한다. 메를로-퐁티는 우리가 대상을 지각할 때 대상의 개별특징들을 따로따로 감각한 후에 정신 속에서 결합시킨다는 식의 고전적인 이해를 비판하고, 대상을 전체로서 지각하는 것이 우선적이라고

다. 인턴의 노력 중 하나는, 생김새에 관한 그 의사의 지각적 이해를 습득하는 것이다.

그렇다면 화면의 절반에 있는 해석되지 않은 장면과 다른 절반의 관련 요인 사이의 상관관계를 인턴이 본다면, 그가 생김새에 관한 의사의 이해를 획득하지 못할 이유는 무엇인가? 그것은 바로, 스스로 그 장면을 해석해야 하고 자신의 실수로부터 배워야 하는 위험한 실제 환경에 신체적으로 몰입할 기회를 원격기술이 학생으로부터 빼앗는다는 것이다. 이전의 경험을 바탕으로 자신의 주의를 끄는 세부를 주목하는 경험을 하지 않는다면, 그리고 그 후 관련된 세부와 대해 자신이 언제 옳고 언제 잘못했는지를 고생하여 발견하는 경험을 하지 않는다면, 그 장면이 점점 더 의미로 가득 차 간다는 것을 깨닫지 못할 것이라고 메를로-퐁티는 주장할 것이다. 그래서, 원거리-견습생은 의미 있는 것에 주목하도록 이끌림으로써 전체적인 장면에 반응하는 법을 배우지 못할 것이다. 그런데 바로 이것이, 인턴이 전문 진단의가 되기 위해서 배워야만 하는 것이다.

환자, 의사, 그리고 인턴이 직접 현전하는 실제 학습 상황에서, 견습 의사들은 자신이 의미 있다고 여기는 새로운 세부로 주의를 기울일 수 있으며, 그 후 그들이 옳았는지 아니면 중요한 무엇을 놓쳤는지를 깨달을 수 있다. 그래서 그들이 몰입해 있다면, 모든 성공

주장했다. 이렇듯이 대상이 전체로서 우리에게 보여주는 모습을 가리키는 말이 physionomie이다. physionomie는 인상, 외관 등 여러 가지로 번역되며, 통용되는 하나의 번역어는 없다. 여기에서는 '생김새'라는 말이 대상의 전체적인 모습을 뜻하기에 적절하다고 보았다.

과 실패를 통해서 그들은 전체 배경을 다른 식으로 조직화하여, 나중에는 다른 측면이 중요한 것으로 부각될 것이다. 그리하여 세부 상황과 전체적인 중요성 사이의 상호작용이 계속해서 풍부해진다. 메를로-퐁티는 어떤 사람의 행위와 지각적 세계 사이의 이러한 종류의 피드백을 지향호intentional arc라고 불렀다.[21] 그리고 지각자가 자신의 신체를 "나는 할 수 있다"로서 사용할 때에만, 즉 이 경우에는, 어디를 보는지를 스스로 통제할 때에만, 지향호가 작동한다고 지적한다.

따라서 의사가 보는 무엇을 보는 법을 배우기 위해 원격인턴은 각 카메라가 가리키는 방향 및 각 카메라 화면을 얼마나 확대하고 축소해야 하는지를 조종할 수 있어야 한다. 어쨌든, 그저 수동적 경험을 대량으로 쌓기만 해도, 예를 들어 TV에서 미식축구 경기를 많이 보기만 해도, 공을 따라가는 데에 그리고 심지어 경기를 예측하고 해석하는 데에 숙련될 수도 있다. 그러므로 카메라가 무엇에 초점을 맞추는지를 조종할 수 있게 함으로써 어느 기량 분야에서든 원격-학생이 전문가적 느낌을 습득할 수 있으리라고 생각할 수도 있다. 이러한 이상적인 원거리-학습 환경에서도 학습을 위해 필요한 무언가가 아직도 빠져 있을까?

2장에서 보았듯이, 특정한 상황에 반응하고 결과를 가슴에 새김으로써 학습자는 전문가가 된다. 그러한 충분한 경험을 바탕으로 초보자의 뇌는 차츰 지각과 행위를 연결시키게 된다. 그리하여 이미 경

---

[21] Merleau-Ponty, 앞의 책, p. 136.

험했던 것과 비슷한 상황에 처하게 되면, 행위자는 지난 번에 그러한 유형의 상황에 있었던 때에 잘 통했던 반응과 비슷한 반응을 곧바로 하게 된다. 그러나 이때 어떤 기량을 습득하는 학습상황은, 훈련에서 학습한 반응을 실제 세계로 전이할 수 있을 정도로 실제 상황과 충분히 비슷해야 한다.

따라서 상호작용적이든 아니든 모든 형태의 원격학습은 최종 도전을 맞이해야 한다. 학습된 것을 실제 세계로 전이할 수 있을 정도로 원격현전이 상황 속에 있다는 감각을 재생산할 수 있는가? 노련한 교수자와 현상학자들은 그 대답이 "아니오"라는 데에 동의한다. 완전한 현전을 전송하려는 어떠한 시도도 포착하지 못하는 종류의 신체화된 현전의 극명하고 극단적인 형태를 보려 한다면, 미식축구와 같은 육체적 스포츠에서 예를 들어 보면 도움이 될 것이다.

브리검 영 대학 미식축구팀의 안전 코치이며 산타바바라 커뮤니티 대학의 전前 전미全美 라인배커이자 디펜시브 엔드였던(1973-74) 배리 램은 이렇게 말한다.

> 우리 선수들은 영상을 보는 것으로도 많이 배울 수 있지만, 어느 정도까지만입니다. 영상을 통해 배울 수 없는 것이 무엇인지를 정확히 말하는 것은 힘들지만, 뛰어난 선수는 전체적인 상황을 감지하고, 영상에서 볼 수 있는 것만을 보고 있다면 전혀 말이 안 되는 일을 본능적으로 하는 법을 배웁니다. 물론 대부분의 경기 영상은 선수의 관점에서 촬영되지 않았지요. 하지만 그것을 교정할 수 있다 하더라도, 현장의 심도深度는 영상과 실전에서

전혀 다릅니다.[22] 이는, 경기장을 올바로 보는 법, 경기의 속도를 느끼는 법을 신싸로 배우지는 못한다는 뜻이지요. 게다가, 경기의 전개를 보는 법을 배우는 데에는 그저 올바른 방향으로 머리나 눈을 돌리는 것 이상이 있습니다. 선수들은 자기 주변에 무슨 일이 일어나고 있는지를 느끼기 위하여 주변시를 사용하는 법을 배울 필요가 있습니다. 주변시가 말해주는 것을 통해 눈앞에서 일어나는 일을 다르게 볼 수 있습니다.[23] 더욱이, 경기의 정서도 선수가 어떻게 경기장을 보는지를 변화시킵니다. 이런 것들은 영상에서 느낄 수 있는 것이 아니지요.

영상은 우리 선수들이 배울 필요가 있는 모든 것을 가르치기에는 너무 빈약합니다. 이 점을 깨닫는 또 다른 방법은, 영상에서는 상대 선수들이 실전에서 위협적인 것과 같은 방식으로 위협적

---

[22] 즉, 실제 삶에서와 달리 그 선수의 시선이 원거리를 관통하여 점점 더 세부적인 것을 드러내는 것은 불가능하다. 메를로-퐁티는 이렇게 표현한다. "영화에서 카메라가 어떤 대상을 향하고 가까이 다가가 근접촬영을 할 때, 재떨이나 배우의 손이 보이고 있었음을 우리는 **기억**할 수 있지만, 실제로 그것을 식별하는 것은 아니다. 스크린에는 지평이 없기 때문이다. 반면에 통상적인 시각에서, 나는 풍경의 한 부분에 직접적으로 시선을 향한다. 그 부분은 살아나고 들춰지는 반면, 다른 대상들은 주변으로 후퇴하고 잠이 든다. 그러나 그렇다고 거기에 있기를 멈추는 것은 아니다." *Phenomenology of Perception*, p. 68.

[23] 실제 세계에서 우리는 시각장의 가장자리에 날카로운 경계가 없으며, 오히려 우리 뒤로도 세계가 계속되고 있다는 감각을 가지고 있다고 메를로-퐁티는 이야기한다. 더 나아가, 우리 뒤에 있는 세계가 갑자기 떨어져 나감을 느낀다면 우리 앞의 장면도 다르게 보이리라는 것을 지적한다. "내 등 뒤의 대상들은 나의 기억이나 판단의 어떤 작동에 의해 나에게 재현되는 것이 아니다. 그것은 현전한다. 그것은 나에게 **중요하다**…" *Sense and Non-Sense*, trans. Hubert L. Dreyfus and Patricia Allen Dreyfus, Northwestern University, 1964, 51.

이지 않다는 것에 주의하는 것입니다. 자신에게 부상을 입히려는 열한 명의 상대 선수가 당신 앞에 있다는 사실은 사태를 다르게 보고 이해하게 만듭니다.

요컨대, 옳은 일을 하는 법, 때로는 말이 안 되는 일을 하는 법을 배운다는 것은, 어떤 현재적 상황을 반복하여 다시 경험할 때에만 일어나는 일입니다. 연습에서든 실제 삶에서든 말이지요.[24]

이 모든 것은, 서라운드 화면을 보고 스테레오 음성을 듣는 원거리-학습자도 어느 정도의 숙련은 계발할 수 있음을 시사한다. 그러므로 어떤 인턴은, 의사가 지적한 많은 증상을 인지하고, 어쩌면 심지어 예상하는 데에 숙련될 수 있다. 열렬한 TV 시청자가 미식축구 경기장의 많은 플레이를 인지하고 예상하는 법을 배울 수 있음과 마찬가지다. 더 나아가, 신체를 가진 실제 학습자가 통상 위치할 장소에 정확히 설치한 카메라를 통해 전송되는 장면을 학습자가 볼 수 있다면, 그는 심지어 능숙하게 될 수도 있을 것이다. 그러나 이러한 원거리-학습자는, 세계가 현전시키는 위험하고 지각적으로 풍부한 상황에 반응함으로써 겪게 되는 경험을, 여전히 결여한다. 그러한 학습자들은 실제 상황에서 신체화된 성공 및 실패를 경험하지 않기에, 전문가의 능력이나 또는 대가다운 방식으로 현행적 상황에 직접적으로 반응하는 대가의 능력을 습득할 수 없을 것이다. 그러므로 탈신체화된 사이버공간에서는 전문성을 획득할 수 없다고 결론 내려야

---

[24] 개인적 대화.

한다. 원격-학습의 열광자들에도 불구하고, 견습 제도는 가정, 병원, 경기장, 연구소, 공예품 생산지의 공유되는 상황에서만 일어날 수 있다. 원격-견습 제도는 모순어법이다.

데카르트를 비롯한 근대철학이 부정했던, 사태와 사람에 직접적으로 현전하는 방법이 있다는 것을 알고 나면, 원거리 교습의 문제를 훨씬 넘어서는 기본적 제한이 원격현전에 있을 수 있다는 것을 알 수 있다. 대상이 아니라 사람들의 현전을 고려할 때, 시각 및 청각 등의 원거리 감각을 통해 우리가 접하는 현전과 문자 그대로 팔이 닿는 곳에 있는 신체-충만한 현전 사이의 핵심적 차이를 느끼게 된다. 이러한 신체-충만한 현전은 실시간 상호작용을 통해 원거리에서 조종하는 로봇 팔의 위치에 현전한다는 느낌을 넘어선다. 그것은 로봇에 표면감지기를 달아서 인공기관으로서의 감지기를 통해 다른 사람을 원거리에서 만질 수 있도록 하는 문제에 불과한 것도 아니다. 더할 나위 없이 상냥한 인간-로봇 상호작용조차도 결코 어루만짐일 수 없다. 섬세하게 조종되며 촉감을 느끼는 로봇 팔을 성공적으로 사용하여 자기 아이를 포옹할 수도 없다. 포옹이 사람에게 해주는 것이 무엇이든 간에, 원격포옹은 그것을 해 줄 수 없으리라고 나는 강하게 확신한다. 어떠한 종류의 로봇 인공기관을 통해서든 매개되는 어떠한 친밀함의 행위든 간에, 마찬가지로 혐오스럽거나, 기껏해야 기괴할 것이다. 우리의 기술이 E. M. 포스터의 상상을 넘어서서, 마침내 원격 조종 로봇 팔과 손을 사용해서 다른 사람을 만질 수 있다 하더라도, 상대의 눈을 각자의 화면에서 들여다볼 수 있고 동시에 로봇 팔을 이용해서 상대의 로봇 팔에 악수를 할 수 있다 하더라도, 사람들이 서로 얼마나 믿을 만한지에 대한 감각을 가질 수 있을지 의심스럽다.

어쩌면 어느 날, 우리는 이러한 종류의 신체적 접촉을 더 이상 그리워하지 않고, 다른 사람에게 손을 대는 일은 예의 없거나 불쾌한 것으로 생각되게 될지도 모른다. E. M. 포스터는 소설에서 이러한 미래를 상상한다.

> 바쉬티가 비명을 지르며 햇빛으로부터 몸을 돌렸을 때, [승무원은] 야만적으로 행동했다 ― 그녀는 손을 대서 바쉬티를 진정시키려 했다. "어떻게 감히 이런 짓을!" 그 승객은 소리쳤다. "당신 정신이 나갔군!" 그 여자는 혼란스러워 하며, 바쉬티를 쓰러지도록 놔두지 않은 일에 대해 사과했다. 사람들은 결코 서로에게 손을 대지 않았다. 유일기계의 덕택에, 그러한 풍습은 낡은 것이 되었다.[25]

그러나 당장은, 두 CEO가 회사를 합병할 정도로 서로를 신뢰하게 만드는 데에 그들이 여러 번 원격회의를 가지는 것으로는 충분치 않다는 것을 투자 은행가는 알고 있다. 그들은 공유되는 환경에서 상호작용하며 며칠을 함께 살아야 한다. 그리고 그들의 거래는 마침내 저녁식사 자리에서 이루어질 가능성이 크다.[26]

---

[25] Forster, 위의 책.
[26] 면대면 상호작용에서보다 온라인 소통에서 더 잘 배신하는 경향이 있으며, 사람들 사이에 예비적인 직접적 면식이 있으면 이러한 효과가 감소한다는 것을 보여주었

그런 신뢰와 신체적 현전 사이의 관계는 어떤 것인가? 어쩌면 우리의 신뢰감은, 추정컨대 우리가 아기 때 보호자의 품에서 경험했던 안전과 안녕에 대한 감각에 의지하고 있음이 틀림없다.[27] 그렇다면 현실감각은 사냥당하는 동물이 도망치려고 대비하는 것에 불과한 것이 아닐 것이다. 그것은 보호받고 있다는 기쁨과 안전의 감정일 수도 있다. 만약 그렇다면, 실제 인간 신체의 따뜻하고도 포용적인 친밀감에 대한 우리의 감각과 어떤 방식으로 연결되지 않는 경우, 가장 정교화된 형식의 원격현전조차도 동떨어져 보일 수 있으며 심지어 혐오스럽게 보일 수도 있다.

물론, 신뢰에는 여러 종류가 있으며, 우편배달부가 편지를 배달할 것이라는 신뢰는 그의 눈을 들여다보고 악수할 것을 요구하지 않는다. 저러한 신체적 접촉이 필요한 종류의 신뢰는, 누군가가 우리의 관심에 공감적으로 행위할 것이며 그러한 행위가 그 자신의 관심과 대립하더라도 그러리라는 신뢰이다.[28]

그러므로 누군가를 신뢰하기 위해서 우리는 스스로를 상대방에게

다. 그러므로 컴퓨터 기술은 인간적인 조직과 관계에서 이미 유지되고 있는 신뢰 관계를 약화시키고 기만과 신뢰의 문제를 악화시킬 수도 있다. C. Castelfranchi and Y. H. Tan (eds), *Trust and Deception in Virtual Societies*, Springer, 2001 를 보라.

[27] D. N. Stern, *The Interpersonal World of the Infant*, New York, Basic Books, 1985를 보라.

[28] 그러나, MUD(다중 사용자 던전) 사용자들이 대화방에서 사랑에 빠진다는 말이 있다. 그것을 어떻게 생각해야 할지 모르겠다. 그들은 참으로 서로를 신뢰하는가, 아니면 그러한 끌림은 어쩌면, 셰익스피어가 보았듯이, 에로틱한 것은 육체적이라기보다는 언어적이라는 점을 보여주는 것인가?(예를 들어, *Troilus and Cressida*, IV, v, ll. 35-63에서 크레시다의 에로틱한 매력에 대한 율리시즈의 기술을 보라.)

취약하게 만들어야 하고 그들도 우리에게 취약하게 만들어야 하는 것 같다. 부분적으로 신뢰는 그 타인이 우리의 취약성을 이용하지 않는다는 경험에 바탕을 둔다. 누군가가 우리를 물리적으로 다치게 하거나 공개적으로 망신 줄 수도 있으나 그러지 않는다는 것을 그들과 같이 있으면서 관찰해야만, 그들을 신뢰하고 우리 자신을 그들에게 다른 방식으로 취약하게 만들 수 있다.

원격현전이 약간의 신뢰감을 준다는 데에는 의심할 여지가 없다. 그러나 그것은 훨씬 더 희석된 감각인 듯하다. 그럼에도 불구하고 어쩌면 인터넷의 미래 세계에서 우리는 전적인 고립보다는 원격현전을 선호하게 될 것이다. 실제 어머니가 없는 상태에서, 실제 어머니의 품의 편안함과 안전함은 결코 알지 못한 채, 철사 "어미"를 기피하고 필사적으로 테리 천으로 된 어미에게 집착하는 할로우의 원숭이처럼 말이다.[29]

누가 우리를 포옹하든 우리가 그를 자동으로 신뢰하게 된다는 것이 아니다. 전혀 그렇지 않다. 메를로-퐁티에게, 어느 특정 지각 대상의 실제성에 대한 의심은 지각적 세계의 현전과 실재에 대한 우리의 신체화된 믿음을 바탕으로만 가능하다. 이와 마찬가지로, 우리는

---

[29] H. F. Harlow and R. R. Zimmerman, "Affectional Responses in the Infant Monkey", *Science*, v, 130, 1959, pp. 421-32, H. F. Harlow and M. H. Harlow, "Learning to Love", *American Scientist*, v, 54, 1966, pp. 244-72. 이 실험에서 한 고아 원숭이에게는 두 '대리모'가 주어졌다— 하나는 철사 어미이고 하나는 테리 천(terry-cloth)으로 된 어미였다. 철사 어미를 더욱 호감 가게 만들기 위해, 할로우는 먹이통을 철사 어미에 설치했다. 그럼에도 꼬마 원숭이는 겁에 질릴 때마다 테리 천 어미에게로 달려갔지, 철사 어미에게로 가지 않았다.

우리에게 부드럽게 손을 대는 사람을 신뢰하는 배경적 천성을 가지고 있는 듯하다. 그리고 오직 이러한 **근원신뢰**Urtrust을 바탕으로만 우리는 어느 특정한 경우에 신뢰하지 않을 수 있다. 사이버 공간에서 필연적으로 그렇듯이, 그런 배경 신뢰가 없다면 우리는 쉽사리 모든 사회적 상호작용의 신뢰가능성을 의심하고, 우리가 그것을 정당화할 수 있을 때까지 신뢰를 보류하게 될 것이다. 그러한 회의주의가 모든 상호작용을 해치지 않는다 해도, 까다롭게는 만들 것이다.

결론

사태와 사람의 현실성에 대한 우리의 감각 및 그것과 효과적으로 상호작용하는 우리의 능력은, 신체가 배경에서 조용히 작동하는 방식에 의존한다는 것을 살펴보았다. 우리가 행하고 있는 것 및 행할 대비가 되어 있는 것의 현실성에 대한 감각을 제공하는 것은, 사태를 움켜쥐는 신체의 능력이다. 이것은 다시 우리의 힘에 대한 감각 및 물리적 세계의 위험 있는 현실성에 대한 우리의 취약성의 감각 모두를 제공한다. 더 나아가, 의미 있는 것을 조준하고 이어서 우리의 배경 의식에 저 이해를 보존하는 신체의 능력 때문에 우리는 점점 더 정교한 상황을 지각하고 점점 더 기량 있게 대응할 수 있게 된다. 분위기에 대한 신체의 민감성이 우리의 공유된 사회적 상황을 열어주며 사람과 사태가 우리에게 중요하게끔 해준다. 그리고 다른 신체와의 직접적 고려에 긍정적으로 대응하는 신체의 경향성이 신뢰에 대한 우리 감각의 기초가 되며, 그래서 우리의 상호인격적 세계를 지속시켜준다. 이 모든 것을 우리 신체는 노력도 없이, 구석구석 스며든 채로, 성공적으로 해내기에 그것은 거의 눈치 채기 힘들다. 원격현전 덕분에 우리가 신체 없이도 잘 지낼 수 있으리라고 생각하기 쉬운 것은 바로 이 때문이며, 또한 실제로는 그럴 수 없는 것도 바로 이 때문이다.

제4장

정보 고속도로의 허무주의:
현시대에서 익명성과 헌신의 대립

아, 신은 아브라함에게 말했지, "나를 위해 아들을 죽여라" …

그래, 에이브는 말했어 "어디서 죽이기를 원하십니까"

신은 말했어 "저기 61번 고속도로에서"

그래 "손가락" 맥은 "왕" 루이에게 말했어

저는 붉고 희고 푸른 신발끈 40개가 있습니다

그리고 울리지도 않는 천 대의 전화가 있습니다

어디 가면 제가 이걸 없앨 수 있을지 아십니까

그러자 "왕" 루이는 말했어 잠시 생각해보마 아들아

그리고 그는 말했어 쉽게 할 수 있을 것 같구나

모든 걸 61번 고속도로로 가져가 버려라

이제 그 방랑 도박사는 아주 지루해졌어

그는 다음 세계대전을 창조하려 하고 있었지

그는 바닥에서 거의 떨어진 흥행사를 발견했어

그는 말했지 예전에 나는 이런 일에 얽힌 적이 없어

하지만 그래 아주 쉽게 할 수 있을 것 같아

우리는 태양 아래에 표백제를 좀 뿌릴 거야

고속도로 61번에서 그럴 거야

밥 딜런, 「61번 고속도로에 다시 들러Highway 61 Revisited」

1846년에 쓴 『문학 비평』의 「현시대」라는 제목의 장에서[1] 키에르 케고르는, 그의 시대가 지위와 가치의 모든 차이들을 평준화하는 무관심적 반성과 호기심으로 특징지어진다고 경고하였다. 그의 표현을 빌리자면, 이러한 초연한 반성은 모든 질적인 구별을 평준화한다. 모든 것이 동등하므로, 그것을 위해 죽고 싶어할 정도로 중요한

---

[1] S. Kierkegaard, "The Present Age", *A Literary Review*, trans. A. Hannay, London/New York, Penguin, 2001.

것은 없다. 니체는 이러한 근대적 조건에 허무주의라는 이름을 붙여
주었다.

키에르케고르는 이러한 평준화를 그가 대중이라고 부르는 것의
탓으로 돌린다. 그는 이렇게 말한다. "평준화가 제대로 도래하기 위
해서는 어떤 유령이 먼저 주어져야 한다. 그 심령, 가공할 추상, 모
든 것을 포괄하는 무엇이지만 자신은 아무 것도 아닌 것, 신기루—
이 유령은 **대중**이다."[2] 그러나 대중 뒤에 있는 진짜 악당은 언론이
라고 키에르케고르는 주장한다. 그는 이렇게 경고했다. "언론에 이
르러 유럽은 답보상태에 이르게 될 것이며, 계속해서 답보상태에 머
무르면서, 인류가 결국은 자기 자신을 압도하게 될 무언가를 발명하
였다는 것을 상기시켜줄 것이다."[3] 그리고 이렇게 첨언한다. "설사
내 삶에 다른 의미가 없다 하더라도, 일간 신문이라는 절대적으로
타락시키는 존재를 발견하였음에 나는 만족한다."[4]

그러나 왜 평준화를 대중의 탓으로 돌리는가? 민주주의, 기술, 또
는 전통에 대한 존중의 상실 같은 다른 후보들에 돌리지 않고? 그리
고 왜 언론을 이렇게 편집광적으로 악마적으로 묘사하는가? 키에르
케고르는 일기에서 이렇게 말한다. "기독교를 불가능하게 만드는
것 … 실은 그것은 언론, 더 구체적으로는 일간신문이다."[5] 이것은

2 같은 책, p. 59.

3 S. Kierkegaard, *Journals and Papers*, ed. and trans. H.V. Hong and E.H.
  Hong, Bloomington, IN, Indiana University Press, vol. 2, no. 483.

4 같은 책, no. 2163.

5 같은 곳.

놀라운 주장이다. 키에르케고르가 언론을 독특한 문화적/종교적 위협으로 보았다는 것은 명확하나, 이를 설명하려면 시간이 조금 걸릴 것이다.

1846년의 글에서 키에르케고르가 대중과 언론을 공격하기로 한 것은 우연이 아니다. 그 이유를 이해하려면, 한 세기 전에서 시작해야 한다. 『공론장의 구조 변동』에서 위르겐 하버마스는 그가 **공론장**이라고 부르는 것의 시작을 18세기 중반에서 찾는다.[6] 그는 그 당시 언론과 커피하우스가 새로운 형식의 정치적 토론의 장소가 되었다고 설명한다. 이러한 새로운 담론의 영역은 고대의 폴리스 또는 공화국과 근본적으로 달랐다. 근대의 공론장은 스스로를 정치적 권력 밖에 있다고 이해했다. 이러한 정치외적 지위는 그저 부정적으로, 정치권력의 결여로만 정의되지 않고, 긍정적으로 보이기도 하였다. 공론은 정치권력의 행사가 아니라는 바로 그 이유 때문에, 그것은 당파적 정신으로부터 보호받았다. 계몽적 지식인들이 보기에 공론장은, 정치와 인간 삶을 인도해야 할 이성적이고 무관심적인 반성이 제도화되고 정제될 수 있는 공간이었다. 간섭에서 벗어난 그러한 토론은 자유로운 사회의 본질적 요소로 간주되게 되었다. 언론이 공적 논쟁을 점점 더 넓은 일반 시민 독자층으로 확장함에 따라, 버크는 이렇게 찬양했다. "자유로운 나라에서, 모든 사람은 자신이 모든 공적 문제에 관심을 가진다고 생각한다."[7]

---

[6] J. Habermas, *The Structural Transformation of the Public Sphere*, Cambridge, MA, MIT Press, 1989.

[7] 같은 책, p. 94.

그 다음 세기에 걸쳐 일간 신문의 확장에 힘입어 공론장은 점점 더 민주화되었고, 마침내 이 민주화는 놀라운 결과를 낳았다. 하버마스에 따르면 그것은 "[19]세기 중반 즈음에 '공론'의 사회적 전제조건을 변화시켰다."[8] "언론의 보급을 통해 … 대중이 확장[되면서] … 공론의 지배는 다수와 범인凡人의 지배로서 나타났다."[9] J. S. 밀과 알렉시스 드 토크빌을 포함한 많은 사람들은 "공론의 압제"[10]를 두려워했다. 그리고 밀은 "불순응자들을 대중 자체의 손아귀로부터" 보호할 사명을 가지고 있다고 느꼈다.[11] 하버마스에 따르면, 토크빌은 이렇게 견지했다. "교양과 권력이 있는 시민들은 **엘리트 대중**을 형성할 것이었으며, 이들의 비판적 논쟁이 공론을 규정한다."[12]

「현시대」는 키에르케고르가 얼마나 독창적이었는지를 보여준다. 토크빌과 밀은 대중들이 엘리트의 철학적 통솔을 필요로 한다고 주장하였다. 하버마스 역시 1850년 무렵 일간신문에 의한 공론장의 민주화와 함께 불행히도 순응주의로 퇴보하는 사건이 일어났으며, 공론장을 순응주의에서 구출해내야 한다는 점에 동의했다. 반면 키에르케고르는 견해에 따르면 공론장 자체가 새롭고 위험한 문화적 현상이며, 거기에서 언론이 생산한 허무주의로 인해 초연한 반성이라는 계몽적 아이디어에 애초부터 심각하게 잘못된 것이 있음이 드

---

[8] 같은 책, p. 130.
[9] 같은 책, pp. 131, 133.
[10] 같은 책, p. 138.
[11] 같은 책, p. 134.
[12] 같은 책, p. 137.

러난다. 따라서 하버마스는 공론장의 도덕적, 정치적 덕성을 다시 포착하는 것에 관심을 두지만, 키에르케고르는 공론장을 구출할 방법은 없다고 경고한다. 구체적이고 헌신적인 집단들과 달리 공적 영역은 애초부터 평준화의 원천이기 때문이다.

이런 평준화는 여러 가지 방법으로 일어난다. 첫째, 탈상황적 정보들이 새로이 대량으로 유포되면서, 모든 종류의 정보를 곧바로 누구나 사용할 수 있게 되었으며, 그리하여 탈상황적이고 초연한 구경꾼들을 낳았다. 그래서 한 나라의 모든 이에게 정보를 전파하는 언론의 새로운 권력으로 인하여 독자들은 자신의 지역적, 개인적 몰입을 초월하고 자신과 직접적으로 관련 없는 것에 대한 침묵을 극복하게 되었다. 버크가 기쁘게 지적했듯이, 언론은 모든 이들이 모든 것에 대해 의견을 발달시키도록 독려하였다. 하버마스는 이것을 민주화의 승전보로 본다. 그러나 키에르케고르는, 공론장은 초연한 세계가 될 운명이라는 것을 보았다. 그 세계에서는 모든 이가 일차적 경험을 할 필요도 없이, 책임을 가지지도 않고 원하지도 않은 채, 모든 공적 문제에 대해 의견을 가지고 논평한다.

언론 및 언론의 퇴폐적 후계자인 토크쇼는 매우 나쁜 것이다. 그러나 그것이 타락시키는 효과를 가진다는 것은 키에르케고르의 주된 관심사가 아니었다. 키에르케고르가 더 위험하다고 생각한 것은, 바로 하버마스가 공론장에 대해 갈채를 보냈던 이유, 즉 키에르케고르의 표현에 따르면, "대중은 … 모든 개인들의 상대성과 구체성을 먹어 치운다"[13]는 점이다. 공론장은 그래서 국지적 실천으로부터 일부러 거리를 두는 무소부재한 논자論者를 키운다. 구체적인 논점은 국지적 실천으로부터 자라나고, 이러한 논점들은 국지적 실천의 틀에서 어떤 종류의 헌신적 행위에 의해 해결되어야 하는데도 말이다. 키에르케고르는 이렇게 표현한다.

> 대중은 민족도, 세대도, 시대도 아니고, 공동체도, 조합도 아니며, 특정한 인간들도 아니다. 이 모든 것들이 자기 자신일 수 있는 것은 바로 구체적인 것 덕분이기 때문이다. **대중에 속하는 자들 중 어떠한 단독자도 어떤 것과 본질적인 관여를 맺고 있지 않다.**[14]

그러므로 초연한 계몽적 이성에게는 덕성으로 보이는 것이 키에르케고르에게는 재앙과도 같은 결점처럼 보인다. 아무리 성실한 논평가라 하더라도 직접 체험을 하거나 구체적 입장을 취할 필요가 없다. 키에르케고르가 불평하듯이, 오히려 그들은 원리를 인용함으로써 자기 관점을 정당화한다. 그러한 추상적 추론이 도달하는 결론은 국지적 실천에 근거하지 않기에, 그 결론이 제안하는 바는 아마도 연관된 사람들의 헌신을 얻어내지 못할 것이며, 그렇기 때문에 법으로 제정되어도 잘 작동하지 않을 것이다.

더욱더 근본적으로, 키에르케고르에게 공론장이 정치권력 밖에 있다는 것은 어떤 것에 대하여 행동할 필요도 없이 그에 대한 견해를 가질 수 있다는 뜻이었다. 그는 이렇게 부정적으로 적는다. "[대중

---

[13] Kierkegaard, "The Present Age", p. 62.
[14] 같은 책. pp. 62, 63.(강조는 드레이퍼스가 했다.)

의] 간계, 대중의 양식良識, 대중의 덕성을 이루는 것은, 전혀 행위하지 않고도 사태가 판정되고 결정되게끔 하는 것이다."¹⁵ 이는 끝없는 반성의 가능성을 열어준다. 결정과 행위가 필요 없다면, 모든 사태를 모든 면에서 바라보고 언제나 새로운 관점을 찾을 수 있기 때문이다. 정보의 축적은 그래서 결정을 무제한적으로 미룬다. 우리가 더 많은 것을 찾아내는 과정에서, 우리의 세계에 대한 상, 그러므로 우리가 해야 하는 것에 대한 상이 재편되어야 할 가능성이 언제나 있기 때문이다. 키에르케고르는 모든 것이 끝없는 비판에 처할 수 있다면 행위가 언제나 미루어질 수 있음을 보았다. "어느 순간에든 반성은 사태에 새로운 빛을 비추고 탈출이라는 방책을 허용한다."¹⁶ 행위할 필요는 결코 없다.

우리의 시대 같은 반성의 시대가 낳는 것은 점점 더 많은 지식뿐이다. 키에르케고르가 표현하듯이, "열정적인 시대와 비교하여 냉담한 반성적 시대에 대해 일반적으로 말할 수 있는 것은, 그것이 **내적 강도에서 상실하는 것을 외적 범위에서 획득한다는 것이다.**"¹⁷ 그는 이렇게 덧붙인다. "우리 모두는 가야할 길과 갈 수 있는 길을 알지만, 누구도 그 길을 가지 않을 것이다."¹⁸ 대중이 견지하는 관점을 누구도 뒷받침하지 않으므로, 누구도 기꺼이 그 관점들에 따라 행동하려 하지 않는다. 키에르케고르는 일기에 이렇게 쓴다. "여기에는 …

---

15 같은 책, p. 77.
16 같은 책, p. 42.
17 같은 책, p. 68.(강조는 키에르케고르가 했다.)
18 같은 책, p. 77.

참으로 비인격성의 원리적 힘이 되는 두 가지 무시무시한 재난이 있다—언론과 익명성."[19] 그리하여 키에르케고르가 언론에 제안한 모토는 이런 것이었다. "여기에서 사람들은 가능한 한 가장 짧은 시간에 가능한 한 가장 넓은 범위에서 가능한 한 가장 헐값에 타락한다."[20]

「현시대」에서 키에르케고르는 언론, 공론장, 그리고 그의 시대에 일어나고 있던 평준화의 관계에 대한 자신의 관점을 간결하게 요약한다. 탈상황적이고 익명적인 언론과 열정 혹은 헌신이 결여된 반성의 시대가 결합되어 대중, 즉 허무주의적 평준화의 행위자를 낳는다.

> 언론이라는 추상체(신문, 저널은 정치적 구체자가 아니고 추상적인 의미에서의 개체에 지나지 않으므로)가 시대의 냉담함 및 반성성과 결합되어, 그러한 추상자의 유령, 대중을 탄생시킨다.

---

[19] Kierkegaard, *Journals and Papers*, vol. 2, no. 480.

[20] 같은 책, no. 489. 이 모토를 웹에 대한 것으로 옮기는 것을 키에르케고르가 기꺼워했으리라는 점에는 의심할 여지가 없다. 언론에 나온 정보의 결과에 대한 책임을 개인이 지지 않듯이, 웹에서는 심지어 정보의 정확성에 대한 책임을 지는 사람도 없기 때문이다. 물론, 그것이 믿을만한 것인지 참으로 신경 쓰는 사람은 없다. 어찌되었든 누구도 그 정보에 따라 행위하지 않을 것이기 때문이다. 모든 사람이 그 말을 다른 사람에게 전달함으로써 그것을 퍼뜨린다는 점만이 중요하다. 정보는 너무나 익명적이 되어서, 어디서 왔는지를 아무도 모르고 신경 쓰지도 않는다. 누구에게도 책임을 지울 수 없다는 것을 확실히 하기 위해 사생활 보호라는 이름으로 개발되고 있는 ID코드는, 송신자의 주소조차 확실히 비밀로 남겨둘 것이다. 키에르케고르가 언론에 대해 다음과 같이 말했을 때, 그는 인터넷에 대해서도 이렇게 말할 수 있었을 것이다. "아무도 아닌 누군가가 … 책임은 전혀 생각하지도 않고 어떤 오류든 유통시킬 수 있고, 그것도 이러한 무시무시하고 불균형적인 소통 수단의 도움을 받아 그럴 수 있다는 것은 공포스럽다."(Kierkegaard, *Journals and Papers*, vol. 2, no. 481)

대중은 참으로 평준화의 장본인이다.[21]

온 세계의 익명적 정보들로 가득 찬 웹사이트와 전세계 누구나 자격검증 없이 참여할 수 있으며 어떤 주제에 대해서 확실한 결론도 없이 끝없는 토론할 수 있는 커뮤니티들을 가진 인터넷을 키에르케고르가 보았다면, 신문과 커피하우스가 가진 최악의 요소들의 하이테크적 종합이라고 생각했을 것이 확실하다.[22] 실상, 인터넷 덕분에 버크의 꿈은 실현되었다. 토론방에서는 누구나 언제 어디서든 모든 것에 대해 의견을 가질 수 있다. 자신의 아무 곳도 아닌 곳에서의 관점 views from nowhere◆을 게시하는 다른 익명의 아마추어들이 품고 있는,

---

[21] Kierkegaard, "The Present Age", p. 64.

[22] 키에르케고르가 언급하지는 않지만, 그러한 인터넷 커뮤니티에서 충격적인 점은, 대화에 참여하는 데에 어떠한 경험이나 기량도 요구되지 않는다는 것이다. 인터넷은 공론장이 가진 어떤 심각한 위험의 실례를 보여준다. 그것은 전문성의 토대를 무너뜨릴 위험이다. 2장에서 보았듯이 기량의 습득에는 어떠한 행위를 요구하는 종류의 것으로서 상황을 해석하기, 행위하기, 그리고 결과로부터 배우기가 필요하다. 키에르케고르가 이해했듯이, 위험 있는 행위를 하고 그럼으로써 성공과 실패를 모두 경험하는 것 외에 실천적 지혜를 얻을 방법은 없다. 그렇지 않으면, 학습자는 숙련의 수준에 고착될 될 것이며 결코 대가에 이르지 못할 것이다. 그래서 진지한 라디오와 TV 프로그램에 나오는 공론장의 영웅들은 모든 주제에 대해 관점을 가지고 있으며, 추상적 원리에 호소함으로써 자신의 관점을 정당화할 수 있다. 그러나 그들은 그들이 방어하는 원리에 따라 행위할 필요가 없으며, 그러므로 열정적인 관점을 결여한다. 그러나 열정적인 관점만이 지독한 오류와 놀라운 성공으로 이끌며, 또한 실천적 지혜의 점진적 습득으로 이끌 수 있다.

◆ 미국의 철학자 토머스 네이글(Thomas Nagel)이 1986년에 출간한 책『무관점의 관점』(The View from Nowhere)에서 가져온 표현. 이 표현은 어떠한 특정 위치에서 본 것도 아닌 관점, 즉 순전히 객관적인 관점을 뜻하기 위해 사용했다. 드레이퍼스는 이를 구체성과의 연관을 결여한 관점이라는 의미로 비판적으로 사용하고 있다.

마찬가지로 뿌리 없는 의견에 대거리하는 데에 모두가 너무나 열정적일 따름이다. 그러한 논평가들은 그들이 논하는 쟁점에 대해 입장을 취하지 않는다. 실로, 인터넷의 무소부재함 자체가 그러한 모든 국지적 입장을 부적절한 것처럼 보이게 하는 경향이 있다.

공론장에 대한 버크의 미래상이 가장 완벽하게 실현된 것은 블로그다. 블로그에서는 누구나, 어떠한 경험을 가질 필요도 없이, 어떠한 책임도 받아들이지 않고, 무엇에 대해서든 자신의 의견을 표현할 수 있다. 그러나 전문성의 획득은 자신의 관념을 실천으로 옮김으로써 위험을 부담하고 자신의 실패와 성공으로부터 배우는 것을 요구하기에, 대부분의 블로거들에게는 기여할 만한 지혜가 없다.

계몽주의가 바라는 바는, 구체적인 활동에 종사하면서 그것에 대해 글을 쓰는 소수의 블로거들이 인정받고 널리 읽히게 되는 것이다. 그러나 블로그의 홍수, 헌신적 행위에 몰입한 사람들은 대체로 논평을 쓰기에는 너무 바쁘다는 사실, 그리고 계몽적인 블로그에 클릭함으로써 그것을 인정하는 일을 하도록 상정된 독자들 자신도 노련하거나 현명하지 못하다는 사실 때문에, 진지한 공적 논쟁에 대해 블로그가 기여하기를 기대하기는 힘들다. 블로깅은 언론 및 토크쇼보다 상호작용적이며, 그래서 권력 바깥에 있는 자들이 훈수를 두는 커피하우스로의 회귀와 닮았다. 이를 하버마스는 작동 중인 민주주의라고 찬양했고, 키에르케고르는 위험 있는 행위를 대체하는 기분전환이라고 경멸했다.

언론의 무차별적이고 비헌신적인 포괄성의 귀결이라고 키에르케고르가 상상했던 것이 이제 월드 와이드 웹에서 완전하게 실현되었다. 하이퍼링크 덕분에, 유의미한 차이들이 실제로 평준화되었다. 관련성과 의미는 사라섰다. 그리고 이것이 웹이 매력의 중요한 부분이다. 너무 사소해서 포함시키지 못할 것이란 없다. 중요하므로 특별한 자리를 요구하는 것도 없다. 종교적 저술에서 키에르케고르는 신이 죄인의 구원과 참새의 추락에 똑같이 관심을 가진다는 생각,[23] "신에게는 중요한 것도 중요하지 않은 것도 없다"는[24] 생각에 들어 있는 암묵적 허무주의를 비판했다. 그는 그러한 생각이 사람을 "절망의 가장자리"로 이끈다고 말한다.[25] 웹의 매력과 위험은, 모두가 이러한 신적인 관점을 취할 수 있다는 것이다. 케임브리지의 커피포트를 볼 수도 있고,◆ 최근의 초신성을 볼 수도 있고, 교토의정서를 연구할 수도 있고, 자기 이력으로 받을 수 있는 연구비에 어떤 것이 있는지를 찾을 수도 있고, 로봇을 조종하여 오스트리아에 씨앗을 심고 거기에 물을 뿌릴 수도 있다. 하나같이 무사태평하고, 무엇이 중요한지에 대한 감각도 결여된 수천 편의 광고 모두를 헤쳐 나갈 수도 있음은 말할 것도 없다. 아주 중요한 것과 절대적으로 사소한 것이 함께 정보 고속도로 위에 놓인다. 이삭을 희생시키는 아브라함, 붉고 희고 푸른 신발끈, 울리지 않는 천 대의 전화, 그리고 다음 세계

---

[23] S. Kierkegaard, *Edifying Discourses*, ed. P. L. Holmer, New York, Harper Torchbooks, 1958, p. 256.

[24] 같은 책, p. 260.

[25] 같은 책, p. 262.

◆ 최초의 웹캠의 피사체. 1991년, 케임브리지 대학의 컴퓨터 연구실에 있는 커피포트를 촬영하는 웹캠이 설치되어 같은 건물 안의 컴퓨터에서는 이 커피포트를 볼 수 있게 되었다. 1993년, 이 웹캠은 인터넷과 연결되어 전 세계에서 이 커피포트를 볼 수 있게 되었고, 이것은 정보화 시대를 상징하는 의미를 지니게 되었다.

대전이 딜런의 허무주의적 "61번 고속도로"에 놓이게 되는 것과 같은 방식으로 말이다.

인터넷이 독려하는 궁극적 활동은 인터넷이 얼마나 큰지, 얼마나 더 커질지, 그리고, 이 모든 것이 우리 문화를 위해 의미하는 바가 있다면 그것이 무엇인지에 대한 사변이리라는 점까지도 키에르케고르는 예견했다. 물론 이러한 종류의 토론은, 키에르케고르가 혐오했던 익명적 사변의 구름, 바로 그것의 부분이 될 위험에 처해 있다. 화자로서 자기 자신의 입장에 늘 민감했던 키에르케고르는, 현시대의 위험에 대한 분석 및 유럽이 앞두고 있는 것에 대한 어두운 예언을 다음과 같은 반어적인 지적으로 끝맺는다. "실제로 행해지는 것이 너무나 적은 이 시대에, 미래를 향한 예언, 묵시, 암시, 예지의 방식으로는 비범하리만치 많은 것이 행해지고 있으므로, 그것에 대해서는 아마도 가담하는 수밖에 없을 것이다."[26]

키에르케고르가 대중의 평준화하고 마비시키는 반성에 대한 유일한 대안으로 본 것은, 어떤 활동에 열정적 헌신을 가지고 투신했던 한에서 그 활동에 ― 그것이 어떠한 활동이든 간에 ― 뛰어드는 것이었다. 「현시대」에서 그는 동시대인들에게 그렇게 뛰어들기를 촉구한다.

헤엄치려는 위험스런 욕구를 가지고서 얕은 물에서 물장구치는 사람처럼, 요즘 시대에는 행위와 결단이 거의 없다. 그러나 파도

---

[26] Kierkegaard, "The Present Age", p. 103.

에 즐거이 휩쓸린 성인이 "이리 오거라, 바로 뛰어들으렴"이라고 말하여 젊은이를 부를 때와 마찬가지로, 결단은 말하자면 실존♦ 안에(그러나 물론, 개별적 실존 안에) 있으며, 아직 과도한 반성으로 탈진하지 않은 젊은이에게 소리친다…. "이리 오거라, 용감하게 뛰어들렴." 그것이 무모한 도약이라 해도, 그것이 결정적인 한 ─ 당신이 어른이 되기를 원한다면, 위험만이, 그리고 당신의 무모함에 대한 삶의 엄격한 판단만이 당신을 도울 수 있을 것이다.[27]

키에르케고르에게, 평준화되고 얕은 현시대에서 벗어나 명랑하게 깊은 물로 뛰어드는 그러한 행위의 전형은, 그가 **실존의 심미적 영역**이라고 부르는 것으로 뛰어드는 사람에게서 드러난다. 실존의

♦ existence. '실존'이라는 번역어는 주로 자신의 결단을 통해 자신의 삶을 형성해 나가는 단독적인 개별 주체, 또는 그러한 주체의 존재방식을 뜻한다. 그러나 본래 existence는 본래 '무엇임'과 대비되는 '있음'을 말한다. 영어의 be 동사 및 이에 해당하는 유럽 여러 언어의 동사는 가령 'God is great.'와 'God is.'에서 보듯이 무엇임과 있음이라는 두 가지 의미를 모두 가지며, 이를 구별할 때 무엇임을 es-sence(본질)라고 하고 있음을 existence(실존)라고 한다. 고대로부터 근대에 이르기까지 서양철학의 주류는 일반적이고 보편적인 본질을 일회적이고 개별적인 실존보다 중시하였는데, 키에르케고르 등 근대와 현대의 몇몇 철학자들은 이에 반대하고 실존의 우위를 주장했다. 가령, 인간이 이성적이고 선하다는 보편적 본질보다, 나라는 개별 인간이 어떤 인간인지, 그리고 나의 결단을 통해 나를 어떤 독특한 인간으로 만들어가는지가 더 중요하다는 것이다. 이러한 사상의 갈래를 '실존주의'(existentialism)라고 부른다. '실존'이라는 번역어가 주로 실존주의자에 대한 논의를 통해 들어왔고 사용되고 있기 때문에, 이 말은 있음보다는 주로 결단하는 단독적 주체를 뜻하게 되었다.

[27] 같은 책, p. 79.

각 영역은 삶의 어떤 방식을 절대적으로 만듦으로서 현시대의 평준화로부터 벗어나려고 노력하는 방식을 대변한다는 것을 우리는 곧 알게 될 것이다.[28] 심미적 영역에서 사람들은 모든 가능성의 향유를 자기 삶의 중심으로 만든다.

이러한 심미적 대응은 넷 서퍼들의 특징이다. 그들에게 정보 수집은 삶의 방식이 되었다. 넷 서퍼는 모든 것에 호기심을 가지며, 웹에서 최근 가장 열띤 곳을 방문하는 데에 모든 자유 시간을 쓸 준비가 되어 있다. 그들은 가능성의 폭 자체를 즐기며, 가능한 한 많은 사이트를 방문하고 멋진 사이트를 따라가는 것 자체가 목적이다. 재미있는 사이트와 지루한 사이트의 구별이라는 질적인 차이로 인해 심미가는 평준화를 피한다. 인터넷 덕분에 언제나 클릭 한 번이면 뭔가

---

28 '영역'(sphere)이라는 용어에 대한 키에르케고르의 용법을 따르자면, 하버마스가 공론장(public sphere)라고 부르는 것은 전혀 영역이 아니다. 그 이유는 바로, 반성이란 결단적으로 행위하는 것과 정반대이며 그러므로 무엇가를 절대화하는 것과 정반대이기 때문이다. [역주: 하버마스는 본래 Öffentlichkeit라는 말을 사용했는데, 이는 문자적으로는 공적임, 공적인 무엇 일반 등을 뜻한다. 이 말은 영어로 public sphere, 즉 '공적 영역'으로 번역되고 있다. 하버마스가 공적인 의견 교환과 토론을 중심으로 논의를 전개하고 있기에 한국에서 이는 주로 '공론장'으로 번역된다.] 이와 연관된 비(非)영역을 또 언급할 가치가 있겠다. 이 비영역이 인터넷에서 유명해졌기 때문이다. 그것은 테야르 드 샤르댕의 누스피어(Noosphere) 이다. 엑스트로피주의자들, 그리고 월드 와이드 웹에 힘입어 우리 정신이 어느 날엔 신체를 떠날 수 있으리라고 희망하는 여타의 사람들은 저 누스피어를 포용했다. 누스피어 또는 정신영역(이오니아 그리스어로 'noos'는 '정신'을 뜻한다)은 하나의 거대한 정신적 네트워크에 전 인류가 수렴되는 것이라고 한다. 저 네트워크는 지구를 둘러싸고 이 행성의 자원을 관리할 것이며, 통일된 사랑을 인도할 것이다. 테야르에 따르면, 그것은 시간의 오메가 즉, 종점이 될 것이다. 키에르케고르의 관점에서, 누스피어는 위험 있고 신체화된 국지성 및 개별적 헌신을 안전하고 초연하고 무소부재한 숙고와 사랑으로 대체한 곳이며, 이것은 공적 영역의 혼란스런 기독교 버전이다.

재미있는 것을 찾을 수 있다. 삶은 전 우주의 모든 재미있는 것을 관람함으로써 지루함과 싸우는 것, 그리고 같은 경향을 가진 모두와 소통하는 것으로 이루어진다. 그러한 삶은 우리가 탈근대적 자아라고 부르려 하는 것, 즉 규정적인 내용이나 연속성이 없으며 항시 새로운 역할을 택하는 자아를 만들어낸다.

그러나 이런 식의 웹 이용이 왜 이렇게 매력적인지를 좀 더 설명해야 한다. 얼마나 사소한지와 상관없이 모든 것을 따라갈 수 있다는 것이 왜 스릴 있는가? 호기심에 대한 열정적 헌신에 동기를 부여하는 것은 무엇인가? 키에르케고르에 따르면 사람들이 언론에 중독되는 이유는 익명적 관람자는 **위험을 부담하지 않기** 때문이다. 웹도 여기에 해당될 수 있을 것이다. 심미적 영역의 인간은 모든 가능성을 열어 두며, 실망, 창피나 상실로 위협받을 수 있는 고정된 정체성을 가지고 있지 않다.

웹에서의 삶은 그러한 실존 양상에 이상적으로 들어맞는다. 인터넷에서 헌신은 기껏해야 가상적 헌신이다. 우리가 어떤 종류의 자아일 수 있는지를 결정하는 배경 관습들을 인터넷이 어떻게 변화시키고 있는지를 셰리 터클은 기술한다. 『화면 위의 삶』에서 그녀는 "정체성에 대한 대중적 이해를 변화시키는 인터넷의 능력"에 대해 상술한다. 그녀의 말에 따르면, 인터넷에서 "우리는 우리 자신을 유동적이고, 창발적이고, 탈중심화되고, 다중적이고, 유연하고, 언제나 과정 중에 있다고 생각하도록 부추김 받는다."[29] 그래서 "인터넷

---

[29] S. Turkle, *Life on the Screen: Identity in the Age of the Internet*, New York, Simonand Schuster, 1995, pp. 263-4.

은 포스트모던적 삶을 특징짓는 자아의 구축 및 재구축에 대한 실험이 이루어지는 중요한 사회 연구소가 되었다."[30]

채팅방에서는 여러 자아가 되는 놀이를 할 수 있다. 하지만 이들 자아 가운데 누구도 우리의 진짜 모습으로 인지되지 않는다. 이러한 가능성은 그저 이론적인 것이 아니고, 실제로 새로운 사회적 관습을 도입한다. 터클은 이렇게 말한다.

> 인간의 ⋯ 정체성에 대한 재고再考는 철학자들 사이에서만이 아니라 "현장에서", 일상적 삶의 철학을 통해 일어나고 있다. 컴퓨터 안에서의 현전은 저러한 철학을 어느 정도 증명하며 또한 실행한다.[31]

인터넷에서 행하는 일은 귀결을 가지지 않기 때문에, 인터넷은 그녀가 "실험"이라고 부르는 일을 장려한다고 그녀는 긍정적으로 지적한다.[32] 바로 이러한 이유로, 인터넷은 사람들이 새롭고 흥미진진

---

30 같은 책, p. 180.

31 같은 책, p. 26.

32 책을 출간한 지 1년 후, 터클은 그러한 실험의 가치에 대해 의심을 가지게 된 것 같다. 그녀는 이렇게 지적한다. "다른 젠더의 사람이 되는 것이 어떤 것인지를 가상적 성전환(인터넷에서 반대 성별인 척 하는 것)을 통해 이해할 수 있다고 나와 인터뷰한 많은 사람들이 주장했다. 나는 이것이 적어도 부분적으로는 참이라는 것을 의심하지 않는다. 그러나 이러한 호언장담을 들었을 때, 흔히 내 마음은 여성의 신체 속에서의 삶에 대한 나 자신의 경험으로 옮겨갔다. 여기에는 육체적 취약성에 대한 걱정, 원치 않는 임신과 불임에 대한 공포, 면접에서 얼마나 화장을 해야 할지에 대한 섬세한 결정, 그리고 생리통과 겹쳤을 때 전문 세미나를 하는 일의 어려움이 포함된다. 어떤 앎은 본래적으로 체험적이고, 육체적 감각에 의존한

136

한 자아를 계발할 수 있는 자유를 준다. 실존의 심미적 영역에서 사는 사람은 이에 확실히 동의하겠지만, 키에르케고르에 따르면, "모든 가능한 것을 알고 그것이 된다는 것의 결과는, 자기 자신과의 모순에 처하는 것이다."[33] 더 높은 다음 실존 영역의 관점에서 말할 때에, 키에르케고르는 자아가 요구하는 것이 "가변성과 현란함"이 아니라 "견고함, 균형, 그리고 견실함"이라고 우리에게 말해준다.[34]

그러므로 심미적 영역에서 사는 것은 궁극적으로는 불가능한 일이라는 것이 밝혀지리라고 우리는 기대할 수 있을 것이다. 실제로 키에르케고르는 심미적 영역이 삶의 의미를 줄 것이라고 기대하고서 전적인 헌신과 함께 뛰어든다면, 그 영역은 결국 붕괴할 것이라고 주장한다. 중요한 것을 중요하지 않은 것과, 관련된 것을 무관한 것과 구별하는 어떤 방식 없이는 모든 것이 똑같이 재미있고 똑같이 지루해지며, 우리는 현시대의 무차별성으로 되돌아오고 만다. 심미적 권역의 붕괴를 알리는 절망을 경험하는 심미가의 관점에서 쓸 때, 키에르케고르는 이렇게 탄식한다. "삶에 대한 나의 반성은 전적으로 의미를 결여한다. 어떤 악령이, 한쪽 알은 엄청난 정도로 확대하고 다른 쪽 알은 같은 정도로 축소하는 안경을 나에게 씌운 것 같다."[35]

다."(S. Turkle, "Virtuality and its Discontents: Searching for Community in Cyberspace", *The American Prospect*, no. 24, Winter 1996)

[33] Kierkegaard, "The Present Age", p. 68.

[34] S. Kierkegaard, *Either/Or*, trans. D. F. Swenson and L. M. Swenson, Princeton, Princeton University Press, 1959, vol. II, pp. 16–17.

[35] 같은 책, vol. I, p. 46.

중요한 것과 사소한 것을 구별하는 능력의 결여는 마침내는 스릴을 주지 못하게 되고, 심미적 넷 서퍼가 평생을 바쳐 피하려 했던 바로 그 지루함으로 이끈다. 그러므로 거기에 완전히 몸을 던진 사람은, 심미적 삶의 방식은 평준화를 극복하는 데에 도움이 전혀 되지 않는다는 것을 마침내 알게 된다. 키에르케고르는 그러한 실감을 절망이라고 부른다. 그러고는 이렇게 결론 내린다. "삶의 모든 심미적 관점은 절망이다. 그리고 심미적으로 사는 모든 사람은, 자신이 알든 모르든 간에 절망에 처해 있다. 그러나 그것을 알게 되면, 더 높은 형식의 실존은 필수 요건이 된다."[36]

이러한 더 높은 형식의 실존을 키에르케고르는 **윤리적 영역**이라고 부른다. 여기에서 우리는 안정적인 정체성을 가지며, 몰입적 행위에 관여한다. 정보는 가지고 노는 것이 아니며, 진지한 목적을 위하여 추구되고 사용된다. 정보 수집이 자체로 목적이 아닌 한, 웹에 있는 믿을만한 정보는 무엇이든 간에 진지한 관심사에 도움이 되는 값진 자원이 될 수 있다. 그러한 관심사는 삶의 계획을 세우고 진지한 과제를 수행할 것을 요구한다. 그러면 사람들은 목표를 가지게 된다. 행할 필요가 있는 것이 무엇인지, 그리고 그것을 하는 것과 관련된 정보가 무엇인지를 목표가 결정한다.

행위를 위한 헌신의 유발 및 유지를 인터넷이 드러내주고 지지해주는 한, 인터넷은 윤리적 영역에서의 삶을 지지할 수 있다. 그러나 아마도 키에르케고르는, 다양한 대의에 헌신하는 인터넷 커뮤니티

---

[36] 같은 책, vol. II, p. 197.

의 수가 엄청나며 그러한 커뮤니티에 가입하고 탈퇴하는 것이 쉽다는 이유로 인해 마침내는 윤리적 영역의 붕괴가 일어날 것이라고 견지할 것이다. 대의가 다양하다는 점 그리고 헌신을 하기도 그만두기도 쉽다는 점은 행위를 뒷받침해야 했지만, 이는 마침내는 어느 헌신을 진지하게 여길지에 관하여 마비상태로 이끌거나 임의적인 선택으로 이끌 것이다.

임의적인 선택을 피하려면 윌리엄 판사처럼 ─ 『이것이냐 저것이냐』에서 윤리적 영역을 기술하는 키에르케고르의 가명 필자 ─ 자신의 삶의 사실들로 눈을 돌림으로써 자신의 헌신을 한계지어야 한다. 그래서, 윌리엄 판사는 그가 할 수 있는 관련된 헌신의 범위가 그의 능력, 판사와 남편으로서 그의 사회적 역할에 의해 제한된다고 말한다. 더 현대적인 예를 들자면, 자신의 삶의 상황에 관한 어떤 사실들을 바탕으로 어느 커뮤니티에 가입할지를 선택할 수 있을 것이다. 어쨌든, 병뚜껑부터 키에르케고르 같은 문화 스타[37]에 이르는 갖가지 관심사에 몰두하는 커뮤니티가 있을 뿐 아니라, 예를 들어, 희귀한 불치병에 걸린 아이의 부모를 위한 커뮤니티도 있다. 그래서 윤리적인 인터넷 열광자들은, 평준화를 피하기 위해서는 자신의 삶의 어떤 우연적 조건을 바탕으로 하여 중요해진 무언가에 자신의 삶을 바치기로 하기만 하면 된다고 주장할 것이다.

키에르케고르가 정의한 대로의 윤리적 영역에서 사람의 목표는 도덕적으로 성숙하는 것이며, 칸트는 도덕적 성숙이 자기의식적으

---

[37] 쇠렌 키에르케고르를 입력해 보니, 구글에서 2,630,000 항목이 검색되었다.

로 **그리고 자유롭게** 행위하는 능력으로 이루어진다고 주장했다. 그렇다면, 윤리적으로 살기 위해서는, 우연적 사실로 인해 중요해진 무엇을 자신의 삶의 의미의 바탕으로 삼을 수는 없다. 그래서 윌리엄 판사는, 자율적 행위자로서 그가 자신의 재능, 역할, 그리고 자신에 관한 다른 모든 사실에 자신이 원하는 어떠한 의미든 줄 자유가 있다는 사실을 자랑스러워한다. 따라서 결국 그의 삶에 의미를 줄 자유는 그의 재능과 사회적 의무에 의해 제한되지 않는다. 그가 그런 것을 중요시하기로 선택하지 않는다면 말이다.

윌리엄 판사는, 자기 삶에 관한 어떤 사실이 중요한지에 대한 선택은 무엇이 가치 있고 가치 없는지, 무엇이 선하고 무엇이 악한지에 대한 더욱 근본적인 선택에 기반을 둔다는 것을, 그리고 그 선택이 자신에게 달려 있다는 것을 안다. 그는 이렇게 표현한다.

> 선이란 내가 그것을 의지한다는 사실 때문에 있으며, 내 의지와 떨어져서는 존재하지 않는다. 이것은 자유의 표현이다. … 이에 의해 선과 악의 독특한 특징들이 주관적 구별로서 폄하되거나 무시되는 것은 전혀 아니다. 반대로, 이러한 구별의 절대적 타당성이 긍정된다.[38]

선택의 기반이 되는 기준까지 포함하여 모든 것이 선택에 달려 있다면, 저 기준들 대신 이 기준들을 선택할 이유가 없으리라고 키에

---

[38] Kierkegaard, *Either/Or*, vol. II, p. 228.

르케고르는 대답할 것이다.[39] 게다가, 우리가 완전히 자유롭다면, 삶의 지침을 선택하는 일은 어떠한 진지한 차이도 낳지 않을 것이다. 언제나 이전의 선택을 철회하는 선택을 할 수 있기 때문이다. 내가 언제든지 헌신을 폐기할 자유가 있다면, 헌신이 나를 움켜쥘 수 없다.[40] 실로, 자유롭게 선택된 헌신은 새로운 정보가 들어옴에 따라 매 순간 새로이 재편될 수 있으며, 실제로 그래야 한다. 따라서 윤리적 영역은 절망 속에서 붕괴한다. 나는 내 삶에 중요한 것으로 우연히 부과된 어떤 것(예컨대 어떤 치명적인 질병)에 간혀 있기에 자유롭지 않거나, 의무를 결정하고 철회할 자유의 순수한 힘이 스스로를 무너뜨리거나 하기 때문이다. 키에르케고르는 후자를 이렇게 표현한다.

> 절망하는 자아가 능동적이라면 … 무엇을 착수하든, 아무리 위대하든, 아무리 놀랍든, 아무리 끈덕지든 간에, 자아는 계속해서 실험적으로만 자기 자신과 관계한다. 그것은 자기 위에 있는 권력을 인정하지 않는다. 그렇기에 최종 심급에서 자아는 진지함을 결여한다. … 어느 순간에도, 자아는 아주 자의적으로 모든 것을 반복하여 시작할 수 있다.[41]

---

[39] 사르트르(Jean-Paul Sartre)는 『존재와 무』(L'Être et le Néant)에서 완전히 자유로운 선택의 부조리함이라는 생각을 발전시킨다.

[40] 『존재와 무』에서 사르트르는 도박사의 예를 든다. 그는 더 이상 도박을 하지 않겠다고 저녁에 자유롭게 결심한 뒤, 다음날 아침에는 이전의 결심을 따를지 어떨지를 자유롭게 결심해야 한다.

[41] S. Kierkegaard, *The Sickness unto Death, A Christian Psychological Exposition*

그리하여 진지한 행위를 지지할 것으로 보였던 질적 구별의 **선택**은 되려 그것을 무너뜨리고, 우리는 마침내 키에르케고르가 윤리의 절망이라고 부른 것에 이르게 된다. 자기 삶에 관한 우연적 사실을 인수하고 그것이 핵심적으로 중요하다는 것을 자유롭게 **결정**함으로써만 그것을 자신의 것으로 만들 수 있다. 그러나 그러면 다음으로 똑같이 자유롭게 그것이 중요하지 않다고 결정할 수 있고, 그래서 자신의 자유를 절대화함으로써 윤리적 영역에서 모든 유의미한 차이들이 평준화된다.

키에르케고르에 따르면, 개별적 세계를 열어주는 개별적 정체성을 **수여받음**을 통해서만 헌신의 평준화를 멈출 수 있다. 다행히도, 헌신에 자유롭게 들어갈 수 있고 언제나 헌신을 철회할 가능성이 있다는 윤리적 관점은 우리에게 가장 중요한 헌신들에는 적용되지 않는 것 같다. 이러한 특별한 헌신은 우리의 전체 존재를 붙잡는 것으로서 경험된다. 정치적, 종교적 운동은 우리를 이런 식으로 붙잡을 수 있으며, 사랑의 관계도 그렇고, 어떤 사람에게는, 과학이나 예술과 같은 "소명"도 그렇다. 키에르케고르가 무한한 열정이라고 부르는 것을 가지고 우리가 그러한 부름에 응답한다면 — 즉, **무조건적 헌신**을 받아들임으로써 응답한다면 — 무엇이 우리의 남은 삶에 의미 있는 사안이 무엇인지는 저 헌신이 결정한다. 그러한 무조건적 헌신은, 삶에서 중요한 것과 사소한 것, 관련된 것과 무관한 것, 진지한 일과 놀이 사이의 질적 구별을 수립함으로써 평준화를 저지한다. 그러한 되

---

for Edification and Awakening, trans. A. Hannay, London/New York, Penguin, 1989, p. 100.

돌릴 수 없는 헌신을 통해 살아감으로써, 우리는 키에르케고르가 **기독교적/종교적 실존 영역**이라고 부른 것에 들어가게 된다.[42]

그러나 물론 그러한 헌신은 사람을 취약하게 만든다. 그의 대의가 실패할 수도 있고, 사랑하는 사람이 떠날 수도 있다. 현시대의 초연한 반성, 심미적 영역의 하이퍼-유연성, 그리고 윤리적 영역의 무제한적 자유는 모두 자신의 취약성을 피하는 방법이다. 그러나 키에르케고르의 주장에 따르면, 바로 그렇기 때문에 저 방법들은 모든 질적 구별을 평준화하며 무의미의 절망으로 끝나고 마는 것으로 밝혀진다. 무조건적인 헌신 및 그것이 낳는 강인한 정체성만이 개인에게 그 개인의 독특한 질적 구별에 의해 조직된 세계를 줄 수 있다. 그러나 그러한 세계는 언제나 파괴될 위험이 있다.

이는 난처한 질문을 낳는다. 무조건적인 헌신을 장려하고 지지하는 데에 인터넷이 할 수 있는 역할이 있다면 무엇일까? 첫 번째 제안은, 비행 시뮬레이터가 비행하는 법을 배우는 것을 도와주듯이, 웹에서 실험적으로 살아감을 통해서, 단계에서 단계로의 진보가 촉진될 수 있으리라는 것이겠다. 우리는 넷 서핑에 빠졌다가, 그것을 지루하게 느끼게 되고, 그 다음에는 무슨 커뮤니티가 중요한지를 자유롭게

---

[42] 키에르케고르에게는 두 가지 형태의 기독교가 있다. 하나는 플라톤적이고 탈신체화된 것이다. 그것은 성 아우구스티누스에게서 가장 잘 표현된다. 그것은 이 삶에서 자기 욕망을 충족시키려는 희망을 포기하고, 신이 자신을 돌보아주리라고 믿는 것이다. 키에르케고르는 이를 종교성 A라고 부르며, 이것은 기독교의 참된 의미가 아니라고 한다. 키에르케고르에게 참된 기독교, 또는 종교성 B는 육화에 기반을 둔다. 그리고 그것은 유한한 무엇에 무조건적인 헌신을 하고 믿음을 가짐으로 이루어진다 — 그러한 헌신이 요구하는 위험을 부담하려는 용기가 있다면 말이다. 그러한 헌신하는 삶이 우리에게 이 세계에서의 유의미한 삶을 준다.

선택하는 데에 빠졌다가, 그 선택의 부조리함이 드러나고, 그리하여 마지막으로 절망에서 탈출할 수 있는 유일한 방법인, 위험 있는 무조건적 헌신에 빠져드는 데로 이끌리게 되리라는 것이다. 실상, 넷 서핑을 하며 모든 종류의 흥미로운 웹사이트를 찾아보는 것으로부터, 채팅방에서 대화를 트는 데까지, 커뮤니티에 가입하여 삶의 중요한 문제를 다루기까지, 어느 단계에서든 평생 지속되는 헌신으로 바로 이끌릴 수도 있다. 이런 일이 일어날 수 있다는 것은 틀림없지만—채팅방에서 만난 사람들이 사랑에 빠질 수도 있다—그럴 가망성은 아주 낮다.

공론장과 언론이 그렇듯이 인터넷도 무조건적 헌신을 **금지**하지는 않지만, 결국에는 그것을 **위태롭게 한다**고 키에르케고르가 주장했으리라는 것은 확실하다. 시뮬레이터처럼, 인터넷은 모든 것을 포착할 수 있지만 위험만은 제외된다.[43] 게임을 할 때나 영화를 볼 때 그렇듯이 우리는 상상을 끌어들일 수 있으며, 우리가 위험을 부

---

[43] 켄 골드버그의 원격 로봇 예술 기획 「법정 화폐」(Legal Tender, www.counterfeit.org)는 온라인 위험부담이라는 느낌을 일으켜보려는 시도였다. 진폐(眞幣)라는 설명과 함께 미국 100달러 지폐 쌍이 원거리의 관람자들에게 제시되었다. 참가자들은 이메일 주소로 암호를 받기 위해 등록을 한 뒤, 온라인 원격 로봇 실험실에서 그 지폐를 태우거나 거기에 구멍을 내는 "실험"을 할 기회가 주어졌다. 실험 선택후, 고의로 미국 통화를 훼손하는 것은 연방법 위반이며 6개월 구금 이하의 처벌을 받을 수 있음을 참가자에게 상기시켜 주었다. 구금의 위협에도 불구하고 참가자가 "책임을 받아들임"을 뜻하는 버튼을 클릭하면, 원격실험을 행하고 결과를 보여준다. 마지막으로, 참가자가 그 지폐와 실험이 현실이라고 믿는지를 물어 보았다. 거의 모두가 부정적으로 답했다. 그들은 그 지폐가 진폐라고 전혀 믿지 않았거나, 그들이 지폐 훼손으로 고발될 경우를 대비해 알리바이를 만들고 있었던 것이다. 어느 쪽이든, 그들은 어떤 위험도 경험하지 않았고 결국 어떤 책임도 받아들이지 않았다.

담하고 있다는 느낌에 충분히 몰입한다면 그러한 시뮬레이션이 우리의 기량 습득을 도외줄 수 있을 것이라는 점에는 의심할 여지가 없다. 그러나 게임이 제한된 영역에서 일시적으로만 우리의 상상을 포착함으로써 작동하는 한, 현실 세계에서의 진지한 헌신을 모의模擬할 수는 없다. 귀와 눈앞의 시뮬레이션이 우리의 상상을 포착할 때에만, 상상적 헌신이 우리를 붙들 수 있다. 이것이 바로 컴퓨터 게임과 넷이 우리에게 제공하는 것이다. 그러나 이 위험은 상상일 뿐이며 장기적 귀결을 가지지 않는다.[44] 모의하는 이미지와 모의된 헌신의 세계에서 살아가려는, 그러므로 모의된 삶을 살려는 유혹이 있다. 키에르케고르가 현시대에 대해 말하듯이, "그것은 과제 자체를 대단한 비현실적 인공물로 만들며, 현실을 극장으로 만든다."[45]

무조건적인 헌신을 획득했는지 여부를 시험대에 올리기 위해서는, 인터넷에서 배운 것을 현실 세계로 옮기려는 열정과 용기가 있어야만 한다. 그때 우리는 키에르케고르가 "위험 및 삶의 엄중한 판단"이라고 부르는 것과 맞서게 될 것이다. 그러나 키에르케고르의 시대에 언론이 가졌던 매력과 마찬가지로, 인터넷의 매력도 바로 그것이 저런 최종적 투신을 금지한다는 데에 있다. 사실, 현실 세계에서 자

---

[44] 터클은 이렇게 표현한다. "우리 중 많은 수가 현실 문제를 — 개인적이든, 사회적이든 — 해결하는 대신, 비현실적 장소에 투신하기를 선택하는 것으로 보인다. MUD의 방과 미로가 도시의 거리보다 안전하고, 가상섹스가 다른 어떤 섹스보다 안전하며, MUD 우정이 현실의 우정보다 강렬하다고, 그리고 마음먹은 대로 되지 않다면 언제든 떠날 수 있다고 남녀 모두가 말한다. S. Turkle, "Virtuality and its Discontents: Searching for Community in Cyberspace", *The American Prospect*, no. 24, Winter 1996)

[45] Kierkegaard, "The Present Age", p. 80.

신의 진정한 정체성을 걸고 위험을 감수해본 인터넷 사용자라면 누구라도, 애초에 자신을 인터넷으로 끌어당긴 한 줌의 매력에 대항하여야 할 것이다.

그렇기에 키에르케고르가 옳은 것으로 보인다. 언론과 인터넷은 무조건적 헌신의 궁극적인 적이다. 키에르케고르가 실존의 종교적 영역이라고 부른 것에서 이루어지는 무조건적 헌신만이, 계몽이 개시하였고 언론과 공적 영역이 촉진하였으며 월드 와이드 웹에서 완벽해진 허무주의적 평준화로부터 우리를 구원할 수 있다.

제5장

가상적 신체화:
「세컨드 라이프」 속의 의미라는 신화

지금까지 인터넷에 의해 가능해진 것 가운데 철학적으로 가장 매혹적인 현상은「세컨드 라이프」라고 불리는 가상 세계이다. 이것은 가정의 컴퓨터에서 로그인할 수 있는 3차원 가상 환경이다. 현재 이 세계의 "주민"으로 등록한 사람은 천백만 명 이상이다. 2007년 12월에 이들 가운데 518,947명이 하루 한 시간 이상을 온라인에서 보냈으며, 그 날처럼「세컨드 라이프」의 개시 이후 그곳에서 사용자들이 보낸 시간의 합계는 25,646,287시간이다.[1]

주민들은 미술관을 방문하고, 가상 상품을 쇼핑하고, 콘서트에 가고, 사이버 섹스를 하고, 예배하고, 수업을 듣고, 대화를 하고, 부동산을 사고 판다. 바티칸은 그곳에서 영혼을 구원하는 임무를 맡았으며[2] 스웨덴은 실제 스웨덴을 관광하고자 하는 주민들의 신청을 받기 위해 가상 대사관을 열었다.

「세컨드 라이프」를 창조한 린든 랩의 설립자이자 CEO인 필립 로즈데일은 『세컨드 라이프: 공식 안내서』 제1장에서 이렇게 쓴다.

> 「세컨드 라이프」가 당신에게 무엇을 뜻하는지를 결정하는 사람
> 은 당신입니다. 온라인으로 사람을 만나서 실시간으로 이야기

---

[1] 이 정보는「세컨드 라이프」를 창조한 린든 랩의 홍보인력 피터 그레이가 2008년 1월 30일에 제공한 것이다.

[2] "『세컨드 라이프』 은유를 통해 자신을 표현하는 사람이 있고, 그들 중 일부는 영적 자연의 필요를 표현한다면, 아마도 우리는 그들의 요구에 응답할 가능성을 무시해서는 안 될 것이다." 이탈리아의 예수회 잡지 『가톨릭 문명』(Civilta Cattolica)에서 출간된 최근의 기사는 이렇게 설명한다. "사실상, 디지털 세계는 자체로 '선교의 땅'으로 간주될 수 있다." Ruth Gledhill, "Second Life, place of worship and sometimes 'missionary land'", *The Times*, July 30, 2007을 보라.

하고 함께 무언가를 하는 것을 즐깁니까? 「세컨드 라이프」에 오신 것을 환영합니다. 무언가를 만들고 그것이 활기를 띠게 하는 것을 즐깁니까? 「세컨드 라이프」에 오신 것을 환영합니다. 경영을 하고 돈을, 진짜 돈을 버는 것을 즐깁니까? 「세컨드 라이프」에 오신 것을 환영합니다.[3]

　이러한 발언과 관련하여 「세컨드 라이프」의 이용법에 대해 짤막하게 개관할 필요가 있겠다. 이는, 이러한 철학적으로 흥미로운 사태에 자리잡고 그에 집중하기 위해서이다.

(1) 벤처 경영

　우리는 가상 사업을 시작함으로써 「세컨드 라이프」에서 진짜 돈을 벌 수 있다. 사업가들은 린든 달러(「세컨드 라이프」의 화폐)를 벌어서 그것을 미국 달러로 환전하고 싶어한다.(환율은 260 린든 달러 Linden Dollar에 1 미국 달러 근처에서 등락을 거듭한다.) 코카콜라, 시어즈, 웰스 파고, IBM, BP, 도요타가 「세컨드 라이프」에서 영업 중이며, 다른 기업들도 뒤따라 달려오고 있다. 그러나 이러한 유행이 계속될지에 관해서는 의문이 있다. 『와이어드』에 실린 냉철한 기사에서 프랭크 로즈는 그가 왜 감명받지 않았는지를 설명한다.

---

[3] Michael Rymaszewski et al., *Second Life: The Official Guide*, Indianapolis, IN: Wiley Publishing, 2007, 3. 이후로는 텍스트 내에서 괄호 안에 쪽 번호를 넣어서 인용할 것이다.

만들어진 아바타(가상 세계에서 주민을 대리하는 인물)의 85퍼
센트 이상이 버려진 상태다. 린든의 세계 내 트래픽 기록은 방문
자 수와 보낸 시간 양쪽 모두를 계산하는데, 이 기록은 공짜 돈과
변태적 섹스가 가장 인기있다는 것을 보여준다. 무작위로 고른
6월 어느 날, 가장 인기 있는 장소는 136,000의 트래픽을 기록
한 돈의 섬(여기에서는 린든 달러가 … 공짜로 주어진다)이었다.
가상 섹스샵, 댄스, 조건 없는 관계를 제공하는 여러 장소 가운
데 하나인 섹시 해변은 133,000으로 순위에 들어왔다. IBM의
혁신 섬Innovation Island에 있는 시어즈Sears 매장의 트래픽은
281이었다. 코크의 가상 갈증 파빌리온은 겨우 27을 기록했다.[4]

어쨌든 사업적 이용으로 인해, 「세컨드 라이프」는 일상적 삶의 연
장이 된다. 여기에서 핵심주제는 이윤의 획득이지, 거래되는 상품
이 가상적인지 현실적인지 여부가 아니다. 가상과 현실의 크로스오
버는 놀라울 수도 있지만, 가상 환경이 철학적으로 흥미로운 점은
이것이 아니다.

(2) 「세컨드 라이프」를 게임으로서 하기

「세컨드 라이프」 세계 안에 머무르며 그것을 롤플레잉 게임으로
즐길 수 있다. 하지만 「세컨드 라이프」 자체는 게임이 아니다. 일반
적인 게임은 진행을 위해 필요한 액션을 규정하는 구조와 서사를 제

---

[4] Frank Rose, "How Madison Avenue Is Wasting Millions on a Deserted
Second Life," *Wired Magazine*, Issue 15.08, 2007.

공한다. 그러나 현실 세계에서처럼「세컨드 라이프」는 전체적인 목표가 없고 그러므로 거기 몰입한 사람들의 성공의 순위를 매길 방법이 없다.『공식 안내서』는 이렇게 말해준다. "당신의 두 번째 삶이 성공적인지 어떤지, 그리고 어떻게 그러한 결정에 이르렀는지에 대한 판단은 전적으로 당신에게 달려 있습니다. 또한 그 경험이 언제 시작되고 언제 끝나는지도 전적으로 당신에게 달려 있습니다." (300) 그래서「세컨드 라이프」의 세계와「월드 오브 워크래프트」 같은 게임은 서로 완전히 다르다.

(3) 세계 건설하기

린든 랩에서는 가상 세계를 건설하고, 유지하고, 확장하는 것이 일상적 과제라는 점은 의심할 여지가 없다. 이러한 매혹적인 유형의 작업은 닐 스티븐슨의 미래주의적 베스트셀러『스노 크래시』에서 예지된 바 있다. 그러한 작업은 히로 프로타고니스트라는 이름의 정상급 프로그래머의 관점에서 기술되었다.[5] 미래의 디스토피아를 설명하면서 스티븐슨은 어떤 가상 세계의 개념을 도입하고, 그것을 메타버스metaverse라고 불렀다. 이 용어는「세컨드 라이프」의 자기 소개에서도 사용된다. 그러나 명백하게도, 가상 세계 건설은 현실 세계의 작업이다. 그것은 린든의 프로그래머들이 창조하고 유지하는 메타버스 안에 거주하는 사람들의 일이 아니다.

그러나「세컨드 라이프」안의 모든 것은 프로그램이며,「세컨드

---

[5] Neal Stephenson, *Snow Crash*, Bantam paperback edition, 1993.

라이프」는 주민들이 가상 세계의 내용에 기여할 수 있도록 도구와 튜토리얼을 제공한다. 사실「세컨드 라이프」안의 거의 모든 내용은 사용자들이 만든 것이다.『공식 안내서』의 독자들에게 로즈데일은 이렇게 쓴다. "「세컨드 라이프」가 어쨌든 하나의 세계이기는 하다면, 그것은 당신이 그 세계를 창조했기 때문입니다. … 당신은 자동차, 옷, 성, 그리고 그밖에 당신이 상상할 수 있는 모든 형태로 수백만 객체를「세컨드 라이프」에 추가하였습니다."(iv)

그러나『공식 안내서』에 따르면,「세컨드 라이프」를 즐기는 사람들 가운데 대다수는 가상 세계에서 물건을 생산하기 위해 필요한 프로그래밍 그 자체가 목적이라고 생각하지는 여기지 않는다. 오히려 그들은 그것을 프로그래밍이 제공하는 가상 상품과 서비스에 접근하기 위해 필요한 것으로 본다.「세컨드 라이프」주민들이 원하는 가상 물건을 제공하는 프로그램들을 프로그래머들이 생산하여 이베이에 판매하는 사업 전체가 성장하고 있는 것은 이 때문이다. "다른 사용자들이 창조하고 세계에 추가한 물건들을 사는 데에 … 당신은 … 매달 … 거의 5백만 달러를 소비합니다."(iv)

⑷ 마술감을 회복하기

에드워드 카스트로노바는 그가 인공 세계synthetic world라고 부르는 것의 장점을 주창하는 영향력 있는 인사다. 그는 가상 세계의 팬들이 재마술화된 세계를 추구하고 발견하고 있다고 생각한다. 카스트로노바의 용어 "재마술화"re-enchantment는 막스 베버를 떠올리게 한다. 1917년에 그는 근대 과학이 세계를 탈마술화로 이끌었다고 주장했다. 이러한 탈마술화가 의미하는 바는, 우리의 세계를 이해하고 이 세계에서 무슨 일이 일어날지를 예측할 때에 세계 바깥의 힘을 떠올리지 않는다는 것이다. 요정, 마녀, 악령, 천사, 비술은 미신과 문학적 상상에 불과하다. 원리적으로 과학은 모든 것에 정통할 수 있다. 이처럼 세계를 인과적 기제로 변모시킴으로써 근대 세계의 많은 거주자들은 설명할 수 없는 상실감을 느끼게 되었다고 베버는 주장한다. 자연과학이 발견한 탈마술화된 자연에 실망했지만 전통 종교로 돌아가기는 내켜하지 않는 사람들은 어쩔 수 없이 어디에선가 재마술화를 추구하게 되었다.

카스트로노바는 「세컨드 라이프」의 주민들과 「월드 오브 워크래프트」 같은 대안 세계의 게임 개발자들이 프로그래밍한 신들과 고블린들이, 초자연적인 것을 대면하는 경이라는 새로운 감각을 사용자에게 준다고 주장한다.

> 길게 봤을 때 우리는 신화 없이 살지 못한다. … 그리고 마법이 마침내 믿을만하게 (거칠지라도) 재발견된 세계로 사람들이 계속해서 이주하는 것을 보면, 우리가 얼마나 신화에 갈증을 느꼈는지를 알게 된다.

그는 이렇게 제안한다.

> 어쩌면 인공 세계들은 새로운 신화를 제공하기 시작한 것인지도 모른다. 어쩌면 이 신화는 마침내 성공적이고, 믿을만하고, 심지

어 숭고한 것이 될 것이며, 그리하여 우리는 우리가 경이의 시대에 있다는 것을 깨닫게 될 것이다.[6]

  불행히도, 이러한 주장은 무엇이 상실되었는지 완전히 잘못 짚고 있다. 세계의 마술화를 경험한다는 것은, 우리를 지배하는 신비로운 힘의 손아귀에 있음을 경험한다는 뜻이다. 전통적 신화는 이러한 종류의 힘을 표현한다. 그러나 이러한 힘은, 우리가 마음대로 만들어내며 완전히 통제하고 이해할 수 있는, 프로그래밍된 신과 고블린에는 필연적으로 부재한다. 우리가 만들어낸 것도 아니고 통제하지도 못하는 힘이 솟아나서 우리를 지배할 때에만 경이와 성스러움의 감각을 회복할 수 있다.[7]

(5) 예술적 창조

『공식 안내서』에는 이렇게 쓰여 있다.

  가상 세계의 쾌락추구는 재미있습니다. 그렇다고 해서 다른 「세

---

[6] Edward Castronova, *Synthetic Worlds: The business and culture of online games*, Chicago University Press, paperback edition, 2006, 276.

[7] 성스러운 것이 호메로스 당시 그리스인들에게 정확히 무엇이었는지, 그것이 우리에게는 무엇일 수 있을지는 복잡한 물음이다. 이러한 주제로 션 켈리와 나는 *Luring Back the Gods: Nihilism, Fanaticism, and the Sacred in our Secular Age*이라고 임시적으로 제목을 붙인 책을 쓰고 있다. 이 책은 2년 쯤 뒤에 프리프레스(Free Press)에서 출간될 예정이다. 그때까지는, 초고라고 할 만한 것을 *Philosophy* 6, "From gods to Godand back"으로 접할 수 있으며, 아이튠즈U에서 또는 2007년 봄 강좌를 위한 캘리포니아 웹캐스트 페이지(http://webcast. berkeley.edu)에서 팟캐스트로 접할 수 있다.

컨드 라이프」활동들을 놓치지는 마시기 바랍니다. 많은 주민들에게 「세컨드 라이프」는 무엇보다도 창조자와 예술가로서의 재능을 개발할 대단한 기회가 됩니다.(13)

주민들은 옷과 건물을 디자인하고, 시와 책을 쓰고, 음악을 작곡하고, 회화와 영화를 만든다.

이 활동들이 「세컨드 라이프」의 모든 활동 가운데 가장 인상적이지만, 또한 가상 세계의 비현실성에 가장 덜 빚지고 있는 활동이기도 하다. 같은 예술적 재능, 기량, 노력을 필요로 하는 똑같은 창조적 활동에 현실 세계에서도 종사할 수 있었다. 의류, 조각, 건물을 제외하고는, 어느 쪽 세계에서든 결과로 나오는 예술적 산물은 현실적인 것이지, 가상적인 것이 아니다.[8] 창조적 활동은 「세컨드 라이프」의 세계에 우아함과 아름다움을 더해주며 때로는 거의 경이에 준하는 반응을 불러일으키기도 한다. 이 때문에 「세컨드 라이프」에 방문할 가치가 생기지만, 이러한 성취가 새로운 철학적 물음과 통찰을 일으키는 것은 아니다.

⑹ 새 친구 찾기

지리적인 위치나 물리적 조건 때문에, 관계 맺을 동류를 찾기 힘든 외롭고 고립된 사람들이 많이 있다. 이들은 「세컨드 라이프」가 온 세계의 사람들과 만나서 대화할 수 있게 해주는 방식을 즐긴다.

---

[8] 「세컨드 라이프」에서 디자인되고 프로그래밍 된 건물, 조각, 옷은 현실 재료로 만들어지지 않았으며 그렇기에 물리와 화학의 법칙을 따르지 않는다.

이 경우 「세컨드 라이프」는 배경과 아바타(주민의 가상신체)로 인해 대화 경험이 더욱 현실적이고 몰입감 있게 된 삼차원 채팅방 역할을 한다. 그러나 지리적으로 고립되어 있으며 아마도 상호작용하고 있는 사람의 현실의 모습을 더 알고 싶어 할 외로운 사람들의 목표와, 대화에 장애가 되는 물리적 조건을 가지고 있으며 그렇기에 마치 가장무도회에 있는 양, 실제 모습이 아니라 보이고 싶은 모습을 닮은 아바타를 통해서 자신을 보여주면서 행동하는 가능성을 즐기는 사람들의 목표 사이에는 긴장이 있다.

이러한 긴장은 불확실성의 차원을 더해주며 이 차원은 목표에 따라 감질날 수도 짜증날 수도 있다. 그러나 이것이 철학적 문제를 제기하는 것은 아니다. 「세컨드 라이프」의 창안자들은, 참가자들이 자신을 얼마나 현실적으로 그려낼지를 참가자들에게 맡겨둘 수 있다. 주민들이 정직한 상호작용을 원한다면, 「세컨드 라이프」의 통상적인 소통 모드인 인스턴트 메시지의 익명성의 이점을 이용하기보다는 목소리 소통 모드를 사용할 수 있다. 어쨌든, 새로운 친구를 찾는 것은 메타버스의 중요한 긍정적 기능일 수 있다.

(7) 대안 세계에서 살아가기

「세컨드 라이프」는 또한 가상 세계에서 시간을 보낼 가능성을 제공한다. 그것은 현실 세계보다 더욱 재미있을 수도 있다. 이것은 비현실적인 세계를 즐기는 데 인생의 얼마만큼을 써야 하느냐는 질문을 제기한다. 내가 아는 한 이 질문은 아주 새로운 것이라 철학자들도 고심해본 사람이 적을 정도다. 그러나 「스타 트렉」은 이 문제로 고심했다.[9] 「스타 트렉: 넥서스 트렉」에서 피카드는 홀로덱 같은 가상 세계로 오래 전에 은퇴한 커크의 협조를 얻으려 한다.[10] 피카드는 커크가 근사한 말을 타고 협곡을 뛰어 넘는 데에 도전하고 있는 것을 본다. 피카드는 커크에게, 그 말과 풍경은 대단하고 협곡은 위압적이지만 이 모든 배경은 가상적이므로 실제 위험은 없다는 점을 상기시킨다. 그러므로 용기는 불필요하고 스릴과 만족감도 경험될 수 없다. 이를 심사숙고 한 후, 커크는 피카드의 의중을 파악하고 위험 있는 현실 세계로 함께 돌아간다.

그러나 자신을 새로운 방식으로 표현하고 다른 가능한 삶을 실험하는 데에 가상 세계를 활용하는 것은 철학자들에게 큰 관심거리일 수 있다. 실제로 지금의 세계가 제공하는 삶보다 더 나은 삶의 가능성을 기술하고자 했던 철학자가 몇몇 있다. 마틴 하이데거는 호메로스 시대 그리스인들의 마술화된 세계 그리고 그들과 신들의 관계를 연구함으로써 삶의 최고 상태가 어떤 것이며 또한 어떤 것일 수 있는지를 포착하려 했다. 반면에 프리드리히 니체는 신의 죽음 이후의 세계를 상상했다. 그 세계에서는 그가 "자유정신"이라고 부르는 더 수준 높은 인류가 항상적 창조에 몰입하고, 변용 그 자체를 위한 변용을 즐긴다. 이제 처음으로 철학자들은, 말하자면 실제 가상 세계에 접근할 수 있게 되었다. 철학자들은 여기에 거주하면서 가능했던 또

---

9 『영혼 다시 쓰기』(Rewirting the Soul)에 있는 이언 해킹의 논의와 로버트 노직의 『무정부, 국가, 유토피아』(Anarchy, State, and Utopia)에서의 "경험 기계"(the experience machine)에 대한 논의만의 예외적이다.

10 홀로덱(holodeck)이란, 「스타 트렉」 세계의 우주선에 실려 있는 현실 시뮬레이션 기기이다.

는 가능해질 수 있는 다른 삶의 방식을 연구할 수 있다. 그러면 그러한 상이한 삶들의 만족스러운 점과 실망스러운 점을 비교할 수 있을 것이다.

「세컨드 라이프」에 대한 실존주의적 비판

하루 평균 네 시간을 「세컨드 라이프」에서 보내는 사람들이 계속해서 늘어나고 있다. 이들은 필요 이상으로 자신의 일상적 삶으로 돌아가려는 유혹을 받지 않는다. 가상 세계가 대부분의 사람에게 주는 어떤 매력을 피카드의 이야기가 놓치고 있다는 것은 명확하다.

우리 세계의 결점은 명백하다. 개별적, 집단적 관점이 가진 한계와 오류가능성, 물리적, 심적 고통, 각자의 세계가 무너질 수 있다는 취약성은—이 모두를 우리는 우리의 본질적 유한성이라고 부를 수 있을 것이다—제거할 수 없다. 17세기 중반에 저술을 했던 최초의 실존주의 철학자 블레즈 파스칼은 그가 우리의 비참함이라고 부르는 것을 상론한다.

> 인간에게, 전적인 휴식보다 못 참을 일은 없다. … 그러면 그는 자신의 무無를, 자신의 버림받음을, 자신의 불충분함을, 자신의 의존성을, 자신의 무능을, 자신의 공허를 느낀다. 그의 영혼 깊은 곳으로부터 권태, 피로, 슬픔, 우울, 울분, 절망이 무절제하게 흘러나온다.[11]

우리는 우리가 내던져진 세계와 맞서고, 우리의 상황을 직면하고, 절망하지 않고 우리의 취약함을 수용하고 흡수하는 방식으로 살아가려고 노력할 수도 있다. 그러나 파스칼은 계속해서 이렇게 지적한다. "인간은 죽음, 비참, 무지를 치료할 수 없기에, 행복해지기 위해 그것들에 대해 전혀 생각하지 않기를 감행하였다."[12] 파스칼은 이러한 도피적인 접근방식을 **기분전환**이라고 부르며, 당구, 테니스, 도박, 사냥 등의 탐닉을 예로 든다.[13]

그러나 이제 인터넷 및 인터넷이 가능케 한 가상 세계가 훨씬 장대한 규모의 기분전환을 제공한다. 실제로 「세컨드 라이프」 같은 가상 세계 덕분에 우리는 자신의 유한성을 잊고 풍부하고 안전한 메타버스에 열중할 수 있다. 그래서 우리는 이제 매혹적인 기분전환의 삶과 본래적 삶 사이의 명확한 선택에 직면한다. 파스칼 같은 실존주의 철학자들은 전자를 공허하고 비본래적인 것으로서 비판했고, 후자를 선호했다. 본래적인 삶에서는 우리가 신경 쓰는 모든 것의 취약성에 직면하도록 부름을 받으나, 동시에 우리의 삶을 헌신할 만한 유의미한 뭔가를 발견한다.

극한에 이르면 질문은 다음과 같이 된다. 우리는 얼마만큼의 비참과 맞서야 하는가? 유한성에서 벗어났다는 환상 속에 있는 것이 더

---

[11] Blaise Pascal, *Pensees*, New York: E.P. Dutton & Co., 1958, p. 41.

[12] 같은 책, p. 49.

[13] 같은 책, p. 41. 파스칼은 이렇게 덧붙인다. "다른 사람들은 지금까지 누구도 풀지 못했던 대수 문제를 자신이 풀었다는 것을 식자들에게 보여주기 위해 자기 방에서 땀을 흘리기도 한다." 어쩌면 이때 파스칼은 그의 적수이며 당대의 지배적 사상가였던 데카르트를 넌지시 언급하는 것일 수도 있다.

좋을 때와 그것이 윤리적으로 허용되는 때는 언제인가? 「스타 트렉」은 이 실문도 세기했다. 「넥서스 트렉」에서 피카드가 커크를 구출한 것과 비교하면서, 1964년의 「스타 트렉」 에피소드 "새장"을 생각해보자. 여기에서 스폭은 선장 파이크를 "구출"해야 하는지 아닌지를 결단해야 한다. 선장 파이크는 사고로 신체가 심한 불구가 되었지만, 환각의 명수인 탈로스인들 덕분에 꿈 속 세계에 살고 있다. 스폭은, 파이크가 가상 세계 속에서 계속해서 젊고 잘 생긴 채로 있으면서 불구가 된 동료 사고 희생자의 아름다운 이미지와 희롱하며 지내도록 놓아두기로 결정한다.

이러한 극단적인 경우에는 환각도 현명한 선택일 수 있다. 기분전환이 명백하게 잘못된 것으로 보이는 것은, 진실을 대면하는 것이 우리의 최상의 의무라고 여기는 경우, 또는 더 구체적으로, 파스칼처럼 우리 모두가 신에 의해(또는 하이데거가 말하듯이, 우리의 존재론적 의식에 의해) 부름을 받았고 그 부름에 답하기 위해 필요한 어려운 임무, 위험, 희생을 부담해야 한다고 믿는 경우뿐이다. 어쨌든 우리는, 프랭클린 루스벨트, 이차크 펄만, 스티븐 호킹처럼, 자신을 불사의 아바타와 동일시한 채 가상의 성공을 향유하는 기분전환을 하지 않고, 그들에게 결정적으로 중요하며 삶에 의미를 주는 무엇의 부름에 응하기 위해 자신의 장애와 싸운 사람들을 존경한다.

「세컨드 라이프」가 장려하는 대안적 삶의 방식: 안전한 실험을 통해 새로운 세계를 탐험하기.

하지만 「세컨드 라이프」를 기분전환보다 더욱 훌륭하게 사용하는 방법이 있을 수도 있다. 「세컨드 라이프」가 기분풀이가 아니라 과제를 제공한다고 볼 수도 있다. 다른 삶의 방식을 탐험하기 위한 새로운 수단으로서, 가상세계는 사람들로 하여금 어떤 삶이 그에게 가장 잘 통하는지를 안전한 실험을 통해 배울 수 있도록 해준다.

그래서 자신의 가장 깊은 욕망을 발견하고 충족할 수 있게 해준다고 약속하는 대안 세계에 많은 「세컨드 라이프」의 주민들은 매력을 느낀다. 예를 들어 혹자는 상품의 —어떤 위험부담도 어떤 특수한 기량도 없이 사고 즐길 수 있는 모든 것— 끝없는 생산과 소비에 자기 삶을 바칠 수 있다. 『공식 안내서』는 이렇게 말한다. "물론 쇼핑은 「세컨드 라이프」에서 가장 인기 있는 활동 중 하나입니다." (300) 사실 「세컨드 라이프」에서는 린든 달러를 써서 그들이 원하는 모든 상품을 구할 수 있다. 가상적인 디자이너 의상, 부동산, 차, 집, 가구, 하이테크 기기, 섹스 장난감, 예술품, 섬 등등 —가격이 매겨진 모든 것이 제공된다.

그러나 「세컨드 라이프」의 창조자들은, 상품 수집만으로는 충분히 가치 있는 삶의 방식이 될 수 없다고 생각하는 것 같다. 『공식 안내서』는 "「세컨드 라이프」는 단순히 판매자와 구매자를 지원하는 기계 이상의 것이 되었습니다"(207)라는 점을 확신시키려 비상한 노력을 한다. 한 인터뷰에서 로즈데일은 이렇게 설명한다.

162

처음에는 당신이 원하던 모든 것을 가지려는 욕망이 있다. 아주 아름다워지기, 아주 사교적이 되기, 우리가 현실 세계에서 하는 소비 방식을 고속재생한 버전에 깊이 몰입하기 등등.

그러나 첫 몇 달만 그렇다. 그 다음에 당신은 선禪과 같은 상태에 도달하여 이렇게 말할지도 모른다. "음, 모든 걸 해 버렸는데, 뭐가 더 있을까?" 그 다음에는 이러한 질문을 하기 시작한다. "음, 어쩌면 나는 언덕 위에 사원을 지어서 명상을 하고 싶은 것 같다." [이것은 아마도 현실 명상이지, 가상 명상은 아닐 것이다.] 또는, "나는 공동체에 … 기여하고 싶다."**14**

그렇다면 왜 사람들이 고속재생 소비주의를 버리는가? 어쩌면 삶에서 가장 보람있는 일 중에는 상품화될 수 없는 것이 많다는 점을 배웠기 때문일 것이다. 「세컨드 라이프」의 주민들은 이러한 점을 스스로 발견해낸 것 같다. 『공식 안내서』에는 「세컨드 라이프」의 주민 중 하나인 아르테미스 케인의 물음이 인용되어 있다. "모든 종류의 기기에 돈을 쓰고 싶으세요, 아니면 모든 종류의 다양한 것들을 창조하고, 탐험하고, 시험해보고 싶으세요?"(19)

『공식 안내서』는 가상 세계에서의 좌절이 일반적으로 우리 세계에서의 좌절보다 훨씬 덜 진지하게 여겨진다는 것을 가상 세계의 장점으로 든다. 당신의 두 번째 삶이 영 시원찮다면, 문제가 되는 상황을 간단히 버리면 된다. 변심한 친구, 실패한 사랑, 심지어 당신의

---

14 David Pogue, "An Experiment in Virtual Living," an interview with Rosedale, *New York Times*, February 22, 2007. [내가 염려하는 바는 대괄호 안에 적었다.]

아바타 신체와 정체성까지 말이다. 당신이 하는 일의 중요성은 현실에서보다 훨씬 작을 것이므로, 더 작은 위험을 가지고서 헌신할 자유가 있다.

이런 식으로 난처한 상황에서 빠져 나오기가 용이한 탓에 실험이 가능하다. 『공식 안내서』는 우리에게 이렇게 말해준다.

> 흔히 「세컨드 라이프」는 당신의 환상을 가동시킬 완벽한 장소로 여겨집니다. 그렇습니다, 당신이 아닌 무엇이 되기에, 심지어 당신이 되고 싶은 것이 정확히 어떤 것인지 생각해 내기에 이만한 곳은 달리 없습니다. 어떤 의미에서, 이곳은 "담장 정원",◆ 현실이 감히 침입하지 못하는 장소의 정수입니다.(301)

「세컨드 라이프」를 가장무도회로 생각한다면, 그러한 비헌신적 몰입의 매력을 더 잘 이해할 수 있다. 가장무도회에서 사람들은 변장하고 있으며, 일상생활에 지장을 줄 정도의 귀결 없이 평소에는 금지된 일을 할 수 있다. 「세컨드 라이프」는 가장무도회보다 더욱 풍부하고 몰입감이 있지만, 위험 없이 사육제처럼 방종하게 현실과 관계한다는 점에서 오는 매력과 본질적 피상성은 동일하다. 「세컨

◆ walled garden. 본래 이 말은 말 그대로 담장을 둘러서 외부의 침입을 막은 정원을 뜻했으나, 현재는 비유적으로 컴퓨터 용어로서도 사용되고 있다. 이때 담장 정원이란, 사업자의 승인을 통과한 내용만이 탑재될 수 있는 플랫폼을 뜻한다. 폐쇄형 플랫폼(closed platform)이라고도 불린다. iOS나 안드로이드 등 모바일 플랫폼이나 콘솔 게임기 등이 그 대표적인 예이며, 「세컨드 라이프」도 일종의 담장 정원이라고 할 수 있다.

드 라이프」에서 연인과 헤어지는 경우, 실제 인간이 괴로워하는 것을 보거나, 옛 연인과 다시 마주치는 충격을 걱정할 필요가 없다. 가상 결혼이 실패 후에는 현실에서의 이혼 절차를 밟을 필요가 없다. 가상 세계에서 가상 사업이 실패할 때에는 파산과 맞닥뜨릴 필요가 없다. 한마디로 자신이 남긴 쓰레기를 치울 필요가 없다. 우리는 언제든지 훌쩍 떠나 버릴 수 있다.

그러나 『공식 안내서』는 좋아하지 않는 상황을 그저 떠나 버리는 대응만이 가능한 것은 아니라는 점을 황급히 지적한다.

물론, 마땅히 해야 할 일은, 세계를 떠나는 것이 아니라 그저 당신이 **좋아하는** 무언가를 찾는 것입니다. 선택지에는 부족함이 없습니다. 쇼핑, 미술관 방문, [위험부담이 없고 그래서 스릴도 없는] 스카이다이빙, 볼링[그러나 가상 볼링은 아마도 손/눈 협응만을 필요로 할 것이며, 그러므로 성취에 대한 완전히 체화된 감각은 주지 못한다], 라이브 쇼 및 공연 참관하기는 가능한 선택지 가운데 일부에 불과합니다.(14, 대괄호 안에 있는 말은 나의 유보조건이다)

일반적으로, 다음과 같이 말할 수 있다는 것이다.

현실의 삶과 가상의 삶 사이의 가장 큰 차이 중 하나는 … 당신의 실존을 당신이 얼마만큼 통제하느냐는 것입니다. 가상적 삶은 당신에게 모든 것에 대한 완벽한 통제를 제공합니다 — 당신은 심지어 세계에 언제 들어가고 언제 떠날지도 선택할 수 있습니다. 이는 슬프게도 현실의 삶에는 없는 능력입니다. 당신은 당신 운명의 진정한 주인입니다.(196)

가상 세계에서 우리의 본질적 취약성이 통째로 제거된다는 주장은 과장된 것 같기는 하다. 그러나 적어도 우리는 사전적 애착이나 책임 없이 가상 세계에 들어올 수 있으며, 떠날 때에는 거기서 형성한 애착이나 책임이 무엇이든 간에 버릴 수 있다. 그러나 하는 일에 몰입하게 된다면, 가상 세계에서조차 우리는 전적으로 통제할 수 없다. 당신의 가상적인 정서적, 직업적, 실천적 삶에서도 당신은 여전히 실패할 수 있다. 고대 스토아학파가 변호하였던 삶에서처럼 가상 세계에서도, 우리가 어떤 종류의 삶을 이끌어 가는지는 우리에게 달려 있다. 이는, 우리가 얼마만큼의 취약성을 수용할지까지도 포함한다.

그러나 늘 그렇듯이 상충관계가 있다. 삶의 방식과 몰입의 형태에 관한 위험부담 없는 실험이 소비주의보다 더 흥미롭고 심오하기는 하지만, 그것도 진지한 만족을 주지는 않는다고 주장할 수 있다. 그렇다면, 무엇이 부족한가?

「세컨드 라이프」가 방해하는 두 가지 위험 있는 삶의 방식: 용감한 실험과 무조건적 헌신

니체가 자기 자신을 항구적으로 재발명할 수 있으며 그래야 한다고 주장할 때, 이는 「세컨드 라이프」의 미덕에 대한 찬양처럼 들릴 수도 있겠다. 그는 이렇게 자랑한다.

> 우리는 계속해서 성장하고, 끊임없이 변화하며, 옛 껍질을 벗겨내고, 봄마다 탈피하며, 점점 더 젊어지고, 더 미래적이 되며, 더 커지고, 더 강해진다.[15]

하지만 니체는 이렇게 말한 것으로도 유명하다.

> 나를 믿으라! 현존으로부터 최대의 풍성함과 최대의 향유를 수확하는 비밀이란, **위험한 삶**이다! 그대들의 도시를 베수비우스◆ 산비탈에 지어라! 그대들의 배를 미지의 바다로 보내라![16]

니체가 말하는 바는, 재미있고 보람있는 삶의 방식이란, 안전한 정원에서 새로운 삶의 방식을 조심스레 시험해보는 것보다 더 위험 있는 것이어야 한다는 것이다. 현실 세계에서 실험은 진지한 귀결을 가진다. 새로운 것을 시험하는 데에는 용기가 필요하다. 놀랍고 당황스러운 귀결에서 뭔가를 배울 준비가 되어 있어야 하고, 기꺼이 배워야 하기 때문이다. 그러므로 롤플레잉을 쉽고 안전하게 만드는 특징으

---

15 Friedrich Nietzsche, *The Gay Science*, trans. Walter Kaufmann, New York: Vintage Books, 1974, 331.

◆ 기원후 79년에 분화하여 이탈리아 반도의 도시 폼페이를 멸망시킨 화산.

16 같은 책, 283.

로 인하여, 진짜 발견으로 이어질 수 있는 놀랍고 위험 있는 새로운
상황으로 나아가는 것이 제한된다.

대담하게 착수하고 및 기꺼이 실패를 감수하려는 니체적 삶은
「세컨드 라이프」에서도 가능하다. 그러나 「세컨드 라이프」는 그러
한 위험을 장려하지는 않는다. **용감한** 실험을 하라는 니체의 부름
은, 가상 세계의 장점으로 상정되는 것의 면전에서 날아가 버린다.
「세컨드 라이프」의 안전한 실험은 쉽고, 인공 마르디-그라 축제◆
에서처럼 우리에게 피상적인 만족을 줄 수도 있다. 그러나 실패의
귀결과 맞서야 하는 진짜 가능성을 용감하게 실험해 보아야만, 우리
가 참으로 할 수 있고 우리에게 참으로 가치로운 것이 무엇인지 발
견하는 데에 도움이 된다고 니체는 주장할 것이다.

그러나 결국 니체는 「세컨드 라이프」가 제공하는 종류의 삶을 변
호한다. 그것은 유한성의 어두운 면이 없는 삶이다. ─ 그 삶은,

> 자기만족적이고, 풍부하고, 행복과 호의를 아낌없이 베푼다 …
> 그것은 원망과 불쾌의 크고 작은 잡초가 전혀 생겨나도록 하지
> 않는다.[17]

◆ Mardi Gras. 직역하면 "기름진 화요일". 유럽에서는 그리스도의 고난을 기리기
위해 6주 간 금욕과 절제를 하는 사순절에 대비하여, 사순절이 시작되는 재(ash)
또는 [灰] 또는 재의 수요일(ash wednesday) 직전 사흘 간 흥청망청하고 떠들썩
한 축제를 벌였다. 이 축제를 카니발(사육제)이라 하며, 카니발의 마지막 날이자
절정이 기름진 화요일이다. 「세컨드 라이프」 내에서도 마르디 그라 축제가 벌어
진다.
17 같은 책, 231.

그러나 키에르케고르는, 비통과 수치의 가능성이 없는 삶은 축복과 영광도 없다고 주장할 것이나. 키에르게고르에 따르면, 용감하지만 실존적으로는 안전한 항상적 변용의 니체적 삶에 대한 참된 대립항은 불변적 헌신의 삶이다. 그런 삶에서 당신은 당신만을 위한 부름을 듣고, 그것에 따라서 남은 삶을 살며, 당신이 하도록 **부름** 받은 것을 위해서 당신이 하기 **원하는** 것을 포기한다. 4장에서 나는 이를, 무조건적 헌신을 결심하기라고 불렀다. 노력 및 그것이 요구하는 위험부담이 있는 무조건적 헌신의 삶만이 우리를 절망에서 구할 수 있다고, 키에르케고르는 기독교적 논증을 제시한다. 희생하는 삶을 살면서 힘들여 얻은 기량, 또는 자기 세계에서 무엇이 중요한지를 규정하는 사랑, 또는 스스로를 바친 과제는 삶에 가장 큰 의미를 준다. 그러나 동시에 그러한 헌신으로 인해 우리는 사고, 수치, 비탄에 취약해진다. 그러므로 부름에 응답할 때에 우리는 자신이 누구인지를 규정하기 위해 모든 것을 무릅쓸 준비가 되어야 한다. 하지만 그럴 때 우리는 인간적인 것에 지나지 않는 어떠한 권위보다도 더욱 큰 권위에 동참하게 되고, 그로부터 축복을 받는다. 우리가 전적으로 헌신할 가치가 있다고 믿고 실천한 그것이 신이든, 역사든, 전통이든, 연인이든, 또는 다른 어떤 것이든 말이다.

탈신체화된 실존의 미덕을 일찍부터 주창했던 냇 골드하버는[18] 「세컨드 라이프」에서 무엇이 가능한지에 관해서 『공식 안내서』를 믿을 필요가 없다고 지적한다. 그리고 그는 한 사례를 기술한다. 이

---

[18] Nat Goldhaber, "Where are you? Where is your body?", *New Media Magazine*, 1999.

사례에서, 비헌신적 실험을 매력 있게 해주는 「세컨드 라이프」 안의 진지함의 결여 때문에 오히려 진지한 무조건적 헌신으로 이끌리는 사람이 있다.

> 처음에 사람들은 「세컨드 라이프」 안에서의 만족스럽고 자극적인 "존재 방식"에 정착하기 위해 미친 듯이 실험을 할 수도 있어요. 그들이 누구인지를 잘 대표하는 것은, 물리적, 사회적 세계에서 차지하고 있는 신체와 위치가 아니라, 그들이 더 좋다고 느끼는 삶의 방식입니다. 일단 이 장소, 이 새로운 존재방식을 찾은 뒤, 거기에 깊이 몰두할 수 있어요. 너무나 깊이 몰두해서, 물리적 세계에서의 신체와 상황에 했던 몰두는 비교적 흐릿해지지요. 그러한 헌신의 경우, 물리적 신체가 없더라도 큰 위험부담이 있습니다. 그들의 동료에게 거부당할 여지가 있지요. 부끄러움을 당할 가능성이 있고요. 재정적 파탄의 가능성도 있습니다.[19]

골드하버는 유한성, 이 경우에는 취약성이 우리의 가장 유의미한 경험 및 관계에 필수적인 측면임을 명확하게 보고 있다. 그리고 그러한 취약성이 「세컨드 라이프」에서 가능하다는 그의 지적도 옳다. 그러나 현실의 삶에서든 「세컨드 라이프」에서든 자신의 소명을 찾는 것이 우리가 바랄 수 있는 가장 귀중한 선물이라는 점을 인정한다 해도, 손쉬운 실험의 세계로 진입하는 것이 무조건적인 헌신으로

---

19 개인적 대화.

의 이끄는 결과를 낳는 것은 일반적이지 않다는 점을 깨닫는 것도 중요하다. 「세컨드 라이프」에서 살기로 선택하는 것은 중립적이지 않다. 『공식 안내서』에 따르면, "「세컨드 라이프」의 최고 장점은 … 현실의 삶의 모든 제약과 제한이 사실상 부재한다는 점입니다."(194) 실상, 삶의 모든 스펙트럼에 대한 시험을 「세컨드 라이프」가 가능케 하기는 한다. 그러나 그것은 소비주의로부터 위험 없는 실험에 이르는 활동들을 너무나 매력적으로 만들기에, 취약성을 최소화하고 즐거움을 최대화하는 삶을 추구하도록 우리를 유인한다, 그리하여 그것은, 우리가 취약성을 직면하고 진지함과 의미라는 보람을 얻는 삶으로 이끌리지 않고 기분전환만을 하게 만든다.

진지한 헌신을 추구하며 그것이 약속하는 영속적 의미를 추구하는 사람도 가상 세계에 들어갈 수 있다. 그러나 그 사람은 가상 세계에서 가장 유혹적인 것, 즉 유한성으로부터의 자유라는 약속에 저항해야 한다. 우리는 무제약적 자유를 포기하고 자신을 취약하게 만들도록 자유롭게 선택할 수 있어야 한다. 그래야만 용감한 변용의 재미를, 또는 무조건적 헌신의 비탄과 축복을 경험할 수 있다. 하지만 그럴 경우, 위험 없는 향유를 특별한 매력으로 삼는 인위적 세계에서 한 순간도 보낼 이유가 없을 것이다.[20] 수반되는 위험과 보상을

---

[20] 흥미롭게도, 스티븐슨은 어떤 메타버스보다도 현실 세계를 선호한다. 그는 「세컨드 라이프」에 들어가본 적이 없으며, 「세컨드 라이프」의 가상 세계와 자신 사이에 어떤 제휴 관계도 없음을 「세컨드 라이프」가 명확히 할 것을 요구했다. "그것에 관해 제가 부정적으로 말할 것은 없습니다." 스티븐슨은 말한다. "[그러나] 서가에는 읽지 못한 책들이 많이 있고 현실 세계에는 아직 방문하지 못한 흥미로운 곳들이 많이 있습니다. 가상 세계에서 한 시간을 보낼 때마다 디킨스를 읽거나 토스카

가진 헌신의 기회는 현실 세계에도 충분히 있다.

「세컨드 라이프」에 의미의 원천이 부재한 것은 필연적인가?

진지한 철학적 물음이 남아 있다. 보람 있는 삶의 방식 가운데 가상 세계에서는 실현되기 힘들 뿐 아니라 아예 불가능한 것이 있을까? 즉, 적어도 기억에 남도록 유의미한 삶 중 어떤 것은 프로그래밍할 수 없는 핵심적 요소를 수반하지 않는가? 철학자로서 우리는, 유의미한 삶과 관련하여 그저 현재 기술의 한계만을 물으려는 것이 아니며, 사람들이 지금까지 「세컨드 라이프」를 무엇을 위해서 썼는지나 미래에 무엇을 위해 쓸 수 있는지를 물으려는 것도 아니다. 우리의 주된 관심은 현실성이 아니라 가능성에 있다. 이 경우엔 1) 「세컨드 라이프」의 것과 비슷한 컴퓨터 인터페이스가 명령하는, 인간 상호작용의 어떤 모델이 필연적으로 가지는 한계, 그리고 2) 가상 세계 안의 **모든** 인간 상호작용에 가해지는 한계가 있다면, 그러한 한계가 관심사다. 이 책의 전체적인 논증을 따라왔다면, 그러한 한계가 우리의 현실-세계적 신체화의 중요성과 관련되어 있으리라고 예상할 수 있을 것이다.

삶의 의미와 관계된 이 질문들에 답하기 위해서, 지금까지 논의한

나에 방문하는 데에 쓸 한 시간이 사라집니다." Robert K. Elder, staff reporter, "Authors foresee future as fact catches up with fiction:[Chicagoland Final, CN Edition]", *Chicago Tribune*, Nov 13, 2006, 1.12.를 보라.

가장 의미 있고 보람 있는 종류의 삶은 소명에 열려 있는 삶이라는 지적에서 시작해야겠다. 저 소명에 응답한다면, 그 결과는 영구적인 헌신의 삶이다. 그러나 니체를 필두로 하여 이후의 많은 탈근대 사상가들은 그러한 무조건적 헌신의 삶은 경직되고 제한적이며 그러므로 점점 호소력을 잃어가는 반면,[21] 실험과 변화에 열려 있는 삶의 매력은 점점 더 잘 드러나게 된다고 주장했다. 「세컨드 라이프」의 성공은 이러한 관찰을 확증해준다. 그러나 키에르케고르가 지적하듯이, 실험적 삶은 진지함과 초점을 결여한다. 그래서 다음 질문이 제기된다. 좁은 초점과 전통적 무조건적 헌신의 불변성 및 탈근대의 삶에 특징적인 하이퍼-유연성과 이산성 양쪽을 모두 피하는 보람 있는 삶의 방식을 지지하는 실천을 우리 문화, 또는 어느 문화가 가지고 있는가?

그 대답으로 마틴 하이데거는 무조건적 헌신보다 유연하지만 그럼에도 불구하고 초점, 마술화, 그리고 기억될만한 의미를 제공하는 유형의 실천을 지적했다. 그것은 친숙하지만 지금은 멸종 위기에 있다. 그러한 실천은 우리로 하여금, 통제할 수 없고 우리의 노력을 요구하며 그 노력에 보상하는 힘과 접촉할 수 있게 한다. 따라서 우리는 그 힘을 성스러운 것으로 깨닫는다.

하이데거가 염두에 둔 실천은 국지적 세계를 수립하는 사물이나 사건을 둘러싼 국지적 모임을 독려하는 실천이다. 하이데거에 따르

---

21 이러한 방식으로 사유함으로써 니체는 "확신은 감옥"이라고 말한다. Friedrich Nietzsche, *Twilight of the Idols and The Anti-Christ*, trans. R.J. Hollingdale, Penguin, 1978 edition.

면, 최선의 상태에서 그러한 국지적 세계는 관계된 사람들을 불러낸다. 하이데거는 친구들과 지역 특산 포도주를 마시는 것을 예로 든다. 여기에서는 축하 행사, 우정, 축복의 감각이 찬란하고 강력하게 결합될 수 있다. 앨버트 보그먼은 그러한 지역 모임을 뒷받침하는 실천을 유용하게도 **초점적 실천**이라고 불렀다.[22] 가족의 식사가 초점적 실천으로써 작용할 때에, 그것은 요리와 가족 구성원의 사교 기량을 필요로 하며, 최상의 상태에서는 아버지들, 어머니들, 남편들, 아내들, 아이들을 불러낸다. 그러한 실천은 가족 모임을 중요하게 만든다.

그러한 초점적 실천을 경험하는 사람들에게, 언제 어떻게 식사를 함께 할 것인가 등등 실천의 많은 요소들은 달라질 수 있다. 그러나 기본적 초점적 실천 자체는 명령으로서 느껴지지, 선택의 문제가 아니다. 가족 구성원의 역할은 전혀 선택할 수 없다. 식사를 함께 하는 관습도 전혀 선택할 수 없다. 이것을 배경으로 하여 모든 명시적 선택지들이 등장하게 된다. 실상, 이들이 작동하기 위해서는 그러한 실천들이 배경에 머물러야 **한다**. 그것을 프로그래밍할 수 없는 이유는 우리가 그것에 너무나 몰두해 있어서, 그것으로부터 한 발짝 물러나 그것이 전적으로 명시적으로 드러나게끔 할 수가 없기 때문이다.

당연하게 여겨지며 명시적이 되지 못하고 프로그래밍되지 못하는 배경 실천의 예로, 거리를 두고 서 있기가 있다. 친구들, 동료들, 사랑

---

[22] Albert Borgmann, *Technology and the Character of Contemporary Life: A Philosophical Inquiry*, Chicago: University of Chicago Press, 1984.

하는 사람들 등과 상호작용할 때 우리는 그들과 적절한 거리라고 느끼는 지점에 선다. 어떤 거리에 서야 하는지를 생각했더라면, 우리는 어떻게 서야 하는지 몰랐을 것이다. 적절한 거리의 감각은 부모와 친구들로부터 전수된 것인데, 그들도 자신이 그런 실천을 하고 있음을 몰랐다. 그들은 그저 우리가 너무 가까이 서면 불편함을 느끼고 물러섰고 너무 멀리 있다고 느끼면 다가왔을 뿐이다. 이제 우리가 똑같이 한다. 많은 사회적 기량처럼, 우리 신체를 타인의 신체에 순응시킴으로써 우리는 거리를 두고 서기에 정통하게 되었다.[23]

인류학자들은 다양한 문화에서의 거리를 두고 서는 실천을 측정하고 코드화하려 했다. 심지어 바로 이것을 하는 데에 바쳐진 근접학 Proximics라는 분야도 있다. 그러나 모든 기량이 그렇듯이 우리의 거리를 두고 서는 기량도 무한히 유연하다. 우리가 상호작용하고 있는 사람이 감기에 걸린 경우엔 더 멀리 서는 것이, 배경에 소음이 많은 경우엔 더 가까이 서는 것이 편안하게 느껴진다. 도서관 독서실이나

---

[23] Maurice Merleau-Ponty, *Phenomenology of Perception*, trans. C. Smith, London and Henley: Routledge & Kegan Paul, 1981를 보라.
"내가 15개월 된 아기에게 장난을 치면서 아기의 손가락 하나를 내 이 사이에 물고 깨물려는 척을 하면 아기는 입을 벌린다. 그러나 아기는 거울로 자기 얼굴을 본 적도 거의 없고, 아기의 이는 내 이와 닮지 않았다. … 아기는 자기 신체 내의 지향을 지각하고, 나의 신체와 그것의 지향을 지각하고, 그리하여 자기 자신의 신체 안에서 나의 지향을 지각하는 것이다."(352)
"그가 보고 있는 행해지는 것과 그가 행하는 것과 사이의 즉각적 상응을 보장하는 것은 신체 도식이다."(354) Maurice Merleau-Ponty, *Nature: Course Notes from the College de France*, trans. Robert Vallier, Evanston, IL: Northwestern University Press, 2003, 303도 보라. 메를로-퐁티는 이러한 현상을 상호신체성이라고 부른다.

교회에서 우리는 더욱 부드럽게 말하고 더 가까이 선다. 이 모든 미묘한 구별과 반응은 더 나아가, 해당 인물과 우리가 어떤 관계에 있느냐에 따라 굴절된다.

이러한 실천이 가상세계에 도대체 어떻게 도입될 수 있을까? 대답은 놀랍고도 중요하다. 아바타를 조종하는 사용자의 신체가 저 실천들을 불러들인다. 실험에 따르면, 사용자들은 자신의 아바타를 현실 세계에서 적절한 거리라고 여겨지는 자리에 위치시킨 채로 서로 관계하는 경향이 있으며, 이는 그에 대해서 생각지도 않은 채로 이루어진다.[24] 이 현상은 잠시 후에 다시 다룰 필요가 있을 것이다.

다른 사람과 적절하게 거리를 두고 서기와 같은 기초적 배경 실천에 더하여, 초점적 행사는 공유되는 분위기 그리고 현전하는 모든 사람이 그 분위기를 공유하고 있다는 감각을 필요로 한다. 이러한 공유의 감각은 자족적 세계를 창조한다. 이를 알아보기에 가장 좋은 방법은 영화와 문학에 등장하는 초점적 행사에 대한 유명한 재현들을 고찰하는 것이다. 영화 『바베트의 연회』에 나온 만찬을 생각해 보자. 만찬을 시작할 때에 손님들은 행사를 그 자체만으로 즐기지 못하고 과거에서 비롯된 문제들에 관해 다투는 바람에 그 자리를 거의 망칠 뻔 했다. 그러나 그 후 와인과 좋은 음식을 통하여, 그 행사에 특유한 타인에게 열려 있고 타인을 배려하는 분위기가 깃들고,

---

[24] Nick Yee, Jeremy N. Bailenson, Mark Urbanek, Francis Chang, Dan Merget, "The Unbearable Likeness of Being Digital: The Persistence of Non-verbal Social Norms in Online Virtual Environments", *CyberPsychology and Behavior*, Vol. 1, No. 1, 2007, pp. 115–21를 보라.

이러한 분위기가 공유되고 있음을 모두가 감지하자, 연회는 자족적인 세계로서 작동하게 된다. 비슷하게, 버지니아 울프의 소설 『등대로』에서, 남자들이 밖으로부터 끌어들인 정치적 논쟁의 기분이 남아있는 한 램지 부인의 만찬은 성공적인 행사로 끝나지 못한다. 적절한 분위기가—이 경우에는 따뜻함과 관대함의 분위기—공유되고, 손님들 모두가 그 분위기를 공유하고 있음을 손님들이 감각하자, 그 사건은 자체완결적 초점적 행사가 된다.

야구 경기에서 눈부신 플레이가 벌어지고 많은 관중들이 하나가 되어 일어설 때 비슷한 현상이 일어난다. 모두가 같은 흥분에 휩싸였다는 것만이 감동적인 것이 아니다. 특별히 감동적인 것은, **모두가** 그 흥분에 휩싸였다는 것을 **각각이** 느낀다는 점이다. 실은, 공유된 기분이 공유되고 있다는 감각은 그 흥분을 구성하는 역할을 한다. 또한 그것이 초점적 행사의 참가자들을 묶어주며, 그 행사를 자족적 세계로 만들어준다.

초점적 행사가 작동하여 그 행사에 특유한 통합성까지 이르게 되면, 우리는 일어나는 모든 일과 예사롭지 않은 조화를 이룬 것을 느끼며, 특별하고 우아한 편안함이 좌중에 깃들고, 행사는 스스로 펼쳐지는 것처럼 보인다. 이로 인해 그 순간은 더욱더 마술적이고 잊을 수 없는 선물이 된다. 우리는 이 특수한 행사에 의해 생겨난 모든 것을 받았음에 감사를 느끼고, 그 결과로 경건의 정서가 생겨난다. 이 정서는 타인이 참여할 수 있는 축배 제의나 소원 빌기와 같은 실천에서 흔히 드러난다. 고대에는 그러한 정서를 표현하고자 신에게 신주神酒를 올렸다.

우리가 서로 하나가 되어 사건을 생생히 느끼도록 만들어주는 분위기를 표현하기 위한 어휘가 현재는 거의 없다. 그러나 우리는 그런 일의 발생이 우리의 힘에 달려 있지 않음을 안다.[25] 기분의 위력이 이해되는 방식은 문화에 따라 다르다. 그러나 기분을 우리의 통제를 벗어나는 힘에서 온 선물로 이해하는 것은 모든 문화에서 발견된다. 어쩌면 우리 문화는 예외일 수 있지만 말이다.

우리가 자신의 노력을 통해서 행사를 초점적 의미의 중심으로 만든 것은 아니며 그럴 수도 없었다는 감각, 오히려 그러한 행사에 필요한 특수한 조현調絃을 우리가 선물 받았다는 감각이 바로, 초점적 의식이 작동하려면 신들이 현전해야 한다는 주장을 통해 하이데거가 포착하고자 했던 것이다. 비슷한 현상—사람들이 서로에게 조현되었으며 또한 그렇게 조현되었음을 느끼는 야구 경기—을 기술하며 보그먼은 이렇게 말한다.

이러한 조현이 있다면, 농담과 웃음이 자연스럽게 낯선 사람들을 거쳐 퍼져가며 그들을 공동체로 통일시킨다. 현실과 공동체가 이런 방식으로 공모할 때, 신성이 경기에 깃든다.[26]

삶에 의미를 주는 많은 것들은 이러한 초점적 행사 주위로 조직된

---

[25] 정치 집회나 록 콘서트에서처럼 그런 사건이 더 일어나기 쉽도록 조건을 마련해 둘 수는 있지만 말이다.

[26] Borgmann, *Crossing the Postmodern Divide*, University of Chicago Press, 1992, 135.

다. 만찬과 스포츠 행사만 있는 것이 아니라, 결혼, 졸업, 동창회 같은 축하행사, 추념식과 장례식 같은 엄숙한 추모식, 유월절이나 성만찬 같은 종교적 의식도 있다. 이러한 모든 초점적 행사의 성공을 가능케 하는 선물은, 공유되는 기분 및 그것이 공유되고 있다는 이해이다. 현실 세계에서 삶을 살 가치가 있게 만들어 주는 이 실천이 가상 세계에서 재생산가능한지를 결정하기 위해 우리는 「세컨드 라이프」에서 기분이 어느 정도까지 체험되고, 소통되고, 공유될 수 있는지를 고찰하는 데에서 시작해야 한다.

철학자들이 그나마 기분에 대해 생각한 것이 있다면, 최근까지의 일반적인 접근법은 그것을 **내적** 심적 상태로 보는 것이었다. 이러한 데카르트적 관점에서, 사람들이 기분 **속에** 있는 것이 아니라 기분이 사람들 **속에** 있다. 개인의 사적인 기분은 신체적 움직임에 의해 표현된다(외적이 된다). 그러면 이것은 관찰되고, 해석되고, 다른 개인의 움직임을 통해 응답받을 수 있다.

컴퓨터의 매개를 상정하면, 「세컨드 라이프」에서 기분의 소통은 데카르트주의자가 현실 세계에서의 기분의 전파를 바라보는 방식으로 현재 이루어지고 있다. 컴퓨터에 앉아서 기분을 경험하고 있는 「세컨드 라이프」의 주민이 그것을 다른 주민에게 소통하고 싶다면, 그는 미리 프로그래밍된 몸짓을 수단으로 삼아 사적인 기분을 공적으로 신호화하도록 자신의 아바타에게 명령을 내려야 한다. 그러면 지켜보는 사람이 그 몸짓을 해석한다. 그가 자신의 내적 심적 과정 덕분에, 발신자의 아바타의 몸짓으로부터 발신자의 기분을 떠올려내는 데에 성공한다면, 이제 그는 그의 아바타에게 명령해서 적절한 몸짓으로 응답할 수 있다. 「세컨드 라이프」에서 기분의 소통이 이렇게 이해되는 방식은, 우리의 일상적 기분 소통에 대한 데카르트적 설명의 조잡한 특징을 잘 드러낸다. 하지만 이러한 데카르트적 절차는 일상적 세계에서 기분이 통상적으로 공유되는 방식을 전혀 포착하지 못한다.

스티븐슨은 늘 그렇듯이 예언자적으로 이 문제도 논하였다. 그는 국제적 협상에서 신체 언어가 얼마나 중요한지를 언급하며 히로가 이렇게 관찰하게 한다.

> 사업가는 … 남이 그에게 말하는 것을 어느 정도 무시한다 … 그들은 그들이 말하고 있는 사람의 얼굴 표정과 신체 언어에 집중한다.[27]

그러나 스티븐슨은 신체 언어를 프로그래밍해서 진정한 정서적 소통을 충분히 포착할 수 있으리라는 생각을 의심한다. 그는 그러한 의심의 근거를 말해주지는 않는다. 그는 그저 히로의 말을 통해, 얼굴 표정과 신체 언어를 프로그래밍하는 데에 다른 누구보다도 많은 기여를 한 메타버스의 정상급 프로그래머 후아니타도, 자신의 프로그램이 사람들이 감정을 소통하는 방식을 포착한다고 믿지 않음을 알려준다. 그녀는 프로그래밍 접근방식 전체에 뭔가 오도된 것이 있다고 생각한다. 히로는 이렇게 말한다.

---

[27] *Snow Crash*, p. 64.

후아니타는 … 모든 것이 가짜라고 결정했다. 그것이 얼마나 좋든 간에, 메타버스는 사람들이 서로에게 말하는 방식을 왜곡하고 있다.[28]

후아니타의 심중에 무엇이 있는지를 말하기는 어렵다. 그러나 후아니타는 정상급 프로그래머이고 프로그램이 한계 없이 발전할 수 있음을 알고 있기에, 무언가 결여된 것이 있다면, 그것은 더 좋은 프로그램이 아니라, 가상 세계에서 사람들이 현재 소통하는 방식에 필연적으로 부재하는 무언가이다 ― 그것은 점점 더 복잡한 몸짓과 얼굴표정을 프로그래밍한다고 해서 수정될 수 있는 것이 아니다.

『공식 안내서』의 한 구절이 메타버스에서의 소통에서 무엇이 가짜인지를 일러준다. 「세컨드 라이프」의 주민 가운데 하나인 아이리스 오펠리아는 「세컨드 라이프」의 매력을 찬양하면서도 다음을 인정한다.

첫 날부터 인터넷의 가장 큰 문제 중 하나는 표정의 결여였어요. 이모티콘[웃는 얼굴 등]이 도움이 되었지만, 표정, 음색, 신체 언어가 있는 곳에는 언제나 넘을 수 없는 선이 있지요…
[세컨드 라이프」의] 세계 전체는 수많은 것들을 보고, 하고, 경험할 수 있도록 창조되었어요. 그럼에도 진정한 감정은 거의 없어요. 우는 몸짓의 90퍼센트는 농담으로 사용돼요. 당신이 진짜

---

28 같은 곳.

로 운다면, 어떻게 그것을 「세컨드 라이프」로 옮길 수 있을까요?(207)

도대체 무엇이 빠진 걸까? 감정 소통에 대한 데카르트적 이해를 받아들이면, 정서적 몸짓의 레퍼토리 — 말하자면, 사전 — 을 프로그래밍해야 할 것이고, 주민들은 어떤 상황에 어떤 것을 사용할지를 선택해야 할 것이다. 어떤 사람의 아바타의 어떤 관습적 몸짓은 어떤 전형적인 기분에 있음을 암시하는 데에 사용될 수 있을 것이다. 우는 몸짓은 극단적인 경우이다. 더 일상적인 예를 들자면, 지겨움을 암시하기 위해 기지개 같은 몸짓을 쓰기로 결정할 수 있을 것이다.

그러나 일상적 세계에서 기분은 통상 본질적으로 사적인 것으로 경험된 후 몸짓을 이용해서 간접적으로 소통되는 것이 아니다. 「세컨드 라이프」에서의 기분의 소통과 관련해서는 사실 **두 개의** 문제가 있다. 이미 지적했듯이, 프로그래밍되기 위해서 몸짓은 일반적이어야 하나, 현실 세계에서 우리의 소통은 통상적으로 각각의 특유한 상황에 특유하다. 그리고 더욱 중요한 것은, 우리 세계에서 기분의 소통은 **직접적**인 반면, 「세컨드 라이프」에서는 **간접적**이라는 점이다. 즉, 현실 세계에서 우리의 신체는 **자발적으로** 기분을 표현하며 타자는 **직접적으로** 그것을 포착하는 반면, 「세컨드 라이프」에서는 적절한 몸짓을 **선택해야** 하고 다음으로 아바타가 그 움직임을 하도록 **명령해야** 하며 이때 다른 사람은 그 몸짓의 의미를 **생각해 내야** 한다. 그래서 데카르트적 모델은 객체/신체를 — 인간 또는 아바타 — 일상적 소통 체험에 삽입하며, 그리하여 우리가 통상적으로 표현하는, 상황에 특유한 기분 그리고 그것을 표현하는 우리의 자발적이고, 직접적이고, 체화된 방식 양쪽 모두를 일그러뜨린다.

기분을 소통하는 데에 한 발 물러나 몸짓을 선택할 필요가 있었다면, 소통은 우리를 직접적 기분들의 흐름으로부터 꺼내고 기분들을 자기의식적 체험으로 변모시켰을 것이다. 마치 배우처럼, 어떤 신체적 표현을 사용할지를 우리가 선택할 필요가 있는 양 말이다. 추정컨대 이것이 후아니타가 메타버스의 모든 정서적 소통이 가짜라고 말한 이유일 것이다. 다행히도 현실 세계에서 사람들은 서로의 상황에-특유한 기분을 직접적으로 포착하고 그에 직접적으로 반응한다. 실상, 기분의 진정한 소통은 직접적 신체-대-신체 상호관계를 요구하는 것 같다. 거리를 두고 서는 실천의 습득을 논의할 때 나는 이것을 상호신체성이라고 불렀다. 메를로-퐁티는 이 문제를 다음과 같이 표현한다.

> 몸짓의 의미는 주어지지 않고 이해된다. 즉, 관찰자의 작용에 의해 다시 붙잡힌다. 모든 난점은, 이 작용을 제대로 생각하는 것 그리고 이를 인식의 작동과 혼동하지 않는 것이다. 몸짓의 소통이나 이해는 나의 지향과 남의 몸짓 사이의 상호성, 나의 몸짓과 남의 행동에서 읽을 수 있는 지향 사이의 상호성에 의해 획득된다. 이 모든 것은 그의 지향이 나의 신체에 거주하는 것처럼 또는 나의 지향이 그의 신체에 거주하는 것처럼 일어난다.[29]

---

[29] Merleau-Ponty, *Phenomenology of Perception*, p. 185.

최근까지 감정을 직접 소통하는 현상은 실로 신비에 쌓인 것이었다. 그러나 뉴런과학의 최근 연구는 이 주제에 새로운 빛을 비추어 주었다. 연구자들은 어떤 뇌세포를 발견하고, 거울 뉴런이라는 적절한 이름을 붙였다. 그것은 우리가 유의미한 움직임을 할 때, 그리고 다른 사람이 그 움직임을 하는 것을 우리가 볼 때 두 경우 모두에 점화된다.

『뉴욕 타임스』에서 산드라 블레이크스리는 이렇게 보도했다.

> 인간의 뇌는 다중적 거울 뉴런 체계를 가지고 있다. 이것의 전문 분야는 … 타자의 행위를 이해하는 것만이 아니라 … 그들의 행동과 정서의 사회적 의미도 이해하는 것이다. [자코모] 리촐라티는 이렇게 말한다… "거울 뉴런을 통해 우리는 개념적 추론이 아니라 정서를 통해, 사고를 통하지 않고 타인의 정신을 파악할 수 있게 됩니다."[30]

거울 뉴런의 발견자 비토리오 갈레세는 더 상세하게 설명한다.

> 다른 개인이 수행한 행위를 관찰할 때 우리의 운동 체계는 관찰된 행위자의 운동체계를 따라 "공명"한다. 인간과 원숭이 양쪽에서 행위의 관찰은 동시발생적 행위 시뮬레이션을 함축하는 것 같다. 이러한 생각은 신경계 환자들에서 나타나는 증거들로 입

---

30 Sandra Blakeslee, "Cells That Read Minds", *New York Times*, January 10, 2006.

증된다. "메아리행동증"echopraxia을 가진 정신질환자는 … 다른
사람의 움직임을 모방하려는 충동적 경향을 보여준다. 모방은
반사작용의 속도로 즉각적으로 수행된다. 모방은 일상적으로 수
행되는 몸짓만이 아니라, 관찰하는 환자에게는 희귀하거나 심지
어 기괴한 몸짓과도 관계하여 일어난다. 메아리행동증적 행동
은, 정상 피험자에게도 있지만 정상적으로는 표현이 억제되는
은밀한 행위 시뮬레이션의 "표출"을 대변한다고 가설을 세울 수
있을 것이다….[31]

이러한 억제가 없는 것처럼 보이는 정상적인 경우가 하품이라고
갈레세는 말한다.

타자가 보여준 특정 행위를 볼 때 우리가 그것을 반복하게 되는,
우리의 일상 생활에서 흔히 경험되는 "전염적 행동"[의 예]는 하
품과 웃음[이다].[32]

기분도 비슷하게 전염적이다. 누군가의 움직임에 대한 **해석**도, **선**

---

[31] Vittorio Gallese, "The 'shared manifold' hypothesis: From mirror neurons
to empathy", *Journal of Consciousness Studies,* 8, No. 5 - 7, 2001, 38, 39. 갈
레세는 이렇게 첨언한다. "이러한 암묵적, 자동적, 무의식적인 운동 시뮬레이션
과정으로 인해 관찰자는 자기 자신의 자원을 이용하여 타자의 세계를 꿰뚫어 보되
그것에 대해 이론화 할 필요는 없이 그렇게 할 수 있다. … 행위 시뮬레이션 과정은
행위자와 관찰자 사이의 암묵적 직접적 연결을 자동적으로 수립한다."(44)
[32] 같은 책, p. 38, 39.

택된 반응적 움직임도 필요하지 않다. 물론, 거울 뉴런이 일으키는 직접적 소통은, 자기 자신의 것과 충분히 비슷한 신체의 현전 앞에 있을 때에만 작동한다. 고양이의 하품을 본다고 우리가 하품하지는 않는다.

아바타의 몸짓이 아바타를 조종하는 사람에게 직접적 반응을 일으킬 정도로 충분히 우리의 몸짓과 비슷하게 만들어질 수 있는지 여부는 경험적empirical 물음이다. 그러나 컴퓨터에서 아바타를 보는 사람이 그것에 직접적으로 반응할 정도로 아바타가 실제적 몸짓을 할 수 있도록 프로그래밍될 수 있다 해도, 그는 여전히 적절하게 사전설정된 반응을 하기 위해 자신의 아바타에게 의식적으로 명령을 내려야 할 것이다. 따라서 그의 반응은 여전히 이중적으로 가짜다. 즉, 상황에 특유하지도 않고 직접적이지도 않다. 실로, 두 내적 정신 사이에 두 공적인 객체-신체를 삽입하는 어떠한 소통 모델에도 간접성이 붙박여 있다. 끼어든 두 신체가, 일상적 소통에 대한 현상학적으로 부적절한 데카르트적 모델에서 그렇듯이 각각의 사람 자신의 신체든, 「세컨드 라이프」에서 현재 데카르트적으로 이행되는 정서적 소통이 그렇듯 두 아바타 신체든 그러하다.

사적인 내적 상태가 어떻게 공적인 외적 신체를 수단으로 하여 타자에게 전달될 수 있는지를 설명하려 하는 대신, 하이데거는 기분이 조현이라는 관찰에서 시작하여, 감정 및 정서와는 달리 조현은 통상 공적이며 직접적으로 공유된다고 지적한다. 그는 이 현상을 이렇게 기술한다.

기분이 좋은 … 사람은 분위기를 불러들인다. … 또는 다른 사람은 … 모든 것을 억누르고 침체시킨다. … 여기서 우리는 무엇을 추측할 수 있는가? 조현이 … 바로 서로 함께 존재함을 미리부터 규정한다는 것이다. 마치 각각의 조현이 이미 거기 있었던 것처럼 보인다. 말하자면, 우리가 우선 빠져들었으며 … 우리를 철저하게 조현시키는 분위기처럼 말이다.[33]◆

하이데거는 사적인 내적 상태로서의 기분에 대한 전통적 설명이 기분의 전염이라는 현상을 놓친다고 암시한다. 그는 이렇게 묻는다.

그는[기분이 좋은 사람은] 스스로에게 심적 체험을 불러일으키고, 그것이 이제 병원균 같은 방식으로 타자에게 전이되는가? 우리는 조현 또는 기분이 전염적이라고 말한다.[34]

그리고 그는 더 나아가 사람들이 거의 언제나 거의 원초적으로, 언제나 이미 공유되는 상황에 조현되어 있음으로 인해 서로에 대해 직접적으로 조현되어 있다고 말한다.[35] 그는 이렇게 쓴다.

---

[33] Martin Heidegger, *The Fundamental Concepts of Metaphysics*, Bloomington, IN: Indiana University Press, 1995, p. 66-67.
◆ 앞서 101쪽 역주에서 설명했듯이, Stimmung은 '기분', '분위기', '조현' 등 여러 가지로 번역될 수 있다. 여기서부터 이어지는 일련의 하이데거 인용에서, Stimmung의 번역어는 영역본의 선택을 따랐다. 영역의 번역어가 드레이퍼스의 논의와 관련을 맺고 있을 것이기 때문이다.
[34] 같은 곳.
[35] 예를 들어, 우울한 사람이 아무도 자기 기분을 공유하지 않음을 발견하고, 그것이

[기분은] 바로, 서로 함께 존재함…의…근본 방식이다… 그리고 우리가 전혀 주의를 기울이지 않으며 관찰은 더욱더 하지 않는 바로 그 기분, 마치 기분이라는 것이 없는 것처럼 우리가 느끼게 하는 방식으로 우리를 조현하는 저 기분 — 이 기분들이 가장 강력하다.[36]

기분은 우리의 통제 아래 있지 않으나 타자와의 상호작용에 중요한 것이 무엇인지를 결정하며 그래서 우리의 사회적 행동을 좌우하기에 기분은 강력하다.[37]

실로 사적이며 공유가능한 것조차 아닐 것이라고 결론내릴 때에 직접적 소통이 실패한다는 것은 하이데거도 인정한다. 하이데거에 따르면, 기분의 소통을 간접적인 것으로 보는 데카르트적 오해는 그러한 실패의 사례에 바탕을 두며, 일상적 기분이 통상적으로 소통되는 방식을 놓친다.

36 같은 책, p. 68. 그러므로 우리는 기분의 두 가지 아주 상이한 기능을 구별할 필요가 있다. (1)우리 모두가 언제나 빠져 있으며 통상적으로는 눈치 채지 못하지만, 국지적 세계가 오고 가는 배경을 형성해 주는 종류의 기분이 있다. (2)국지적 세계를 낳기 위해 공유되고 공유되는 것으로 감각되는 것이 가능하며, 또한 그래야만 하는 기분이 있다.

37 하이데거의 지적에 따르면, 기분의 특별한 힘은 우리가 그것을 통제할 수 없다는 것이다. 오히려 그것은 우리를 끌어들임으로써 우리의 행위를 좌우한다. 그렇기 때문에, 우리보다 기분의 힘을 더 잘 이해했던 호메로스 시대의 그리스인들은 기분을 신에 만들어내는 것이라고 생각했다고 그는 주장한다. 상이한 신들은 상이한 영향권을 가졌는데, 이 영향권에서 각자는 자신의 기분을 수립했다. 아프로디테의 특수 영향권은 물론 성애적인 것이었다. 그 상황의 성애적 가능성만이 관련자에게 중요한 것이 되는 기분을 그녀는 수립했다. 다른 신들은 다른 기분을 수립했다. 예를 들어, 아레스는 흉포한 싸움만이 중요한 것이 되는 호전적 기분을 수립했다. 어떤 상황에 특정 방식으로 조현됨으로 인해 무엇이 중요한지가 우리에게 열린다는 것을, 그리고 그 후에, 사물과 사람이 중요해지는 방식이 이제 직접적으로 공유되며 그에 따라 행위하게 된다는 것을 호메로스는 보았다.

그의 파르메니데스 강의(Martin Heidegger, Parmenides, trans. A. Schuwer

188

그러므로 우리는 홀로 컴퓨터 앞에 있는 사람이 가상 세계 안의 이미 공유된 공적 기분에 어떻게 빠져들 수 있는지를 이해할 필요가 있다.[38] 현재의 객체-신체에 매개된 모델은 「세컨드 라이프」에서의 진정한 소통에 넘을 수 없는 장벽을 세워 놓는 것 같다.[39] 그러나 내가 「세컨드 라이프」에서 불가능하다고 생각했을 바로 그러한 종류의 감정의 **직접적** 소통에 린든 랩의 프로그래머들이 지금 작업 중이라고 필립 로즈데일은 나에게 말해준다. 웹캠이 컴퓨터 앞에 앉아 있는 우리를 향하고 있다면, 컴퓨터가 우리의 머리와 상체 움직임을 직접적으로 포착하여 이를 통해 아바타의 움직임을 조종할 수 있게 하는 소프트웨어를 린든 랩이 개발하고 있다고 한다. "오늘날에 나와 있는 모든 웹 카메라에는, 당신이 끄덕거리거나 당신이 머리를

& R. Rojcewicz, Bloomington, & Indianapolis: Indiana University Press, 1992) 106 & 111에서 하이데거는 이렇게 말한다. "'기분'은 근대적 주체적 의미에서 '심리 상태'로 해석되어서는 안 된다. 우리가 그리스의 신을 조현하는 자라고 부를 때, 우리는 그들의 본질을 더욱 시초적으로 생각하는 것이다. 그들은 경외와 기쁨에서 슬픔과 공포에 이르는 모든 본질적인 기분을 규정한다."

[38] 어떤 컴퓨터 게임에는 프로그래머들이 설정하여 플레이어 모두가 공유하는 기분이 — 예를 들어, 공격성 — 있다. 그러나 현실 세계에서는 그러한 고정된 기분에 빠져 있는 것은 병리학적일 것이다. 통상적으로는, 기분으로 인해 우리가 변화하는 상황에 적응함에 따라 기분도 변화하기 때문이다.

[39] 인공 세계의 헌신적 주민들은 이 세계의 플레이어들이 강렬한 기분을 공유한다고 말한다. 예를 들어, 드래곤을 죽이기 위해 소름끼치는 동굴에 함께 모일 때의 공포 같은 것이다. 이것이 참이라는 것은 의심할 여지가 없다. 우리는 (1)결혼식이나 졸업과 같은 고립된 초점적 사건의 **참가자들이 기여하는 전염적** 기분과 (2)성당에서 혹은 이 사례에서는 드래곤의 둥지에서처럼 **무대에 의해 산출되는** 종류의 기분을 구별해야 한다. 안절부절 못함, 즐거움, 엄숙함 등의 방이나 환경 **안의** 기분과 따뜻함, 무시무시함, 편안함 등의 방이나 환경**의** 기분을 구별함으로써 이 차이를 포착할 수 있다.

움직이면 … 당신의 아바타[도 같은 움직임을 하게끔] … 할 수 있는 기술이 존재합니다"라고 그는 말한다.[40] 그래서, 당신의 아바타는 원칙적으로 직접적으로 당신의 감정을 표출한다. 이것은 가상적 상호신체성을 향한 중요한 첫 발걸음일 것이다!

그러나 문제가 있다. 카메라는 물론 당신의 자세, 양식, 속도와 얼굴표정을 포착할 수 있겠지만, 그 정보의 얼마만큼이 당신의 아바타에서 표현될 수 있을지는 아직 미지수다. 아바타의 신체, 특히 얼굴은 카메라가 직접 포착하는 미묘한 움직임을 재생하기에 충분히 인간적으로 보여야 할 것이다. 카메라가 직접 포착하는 신체언어가, 관람자에게 감정을 직접적으로 소통하기에 충분할 정도의 세부사항을 가지고 아바타를 통해 재생될 수 있을지 여부는 경험적 물음이다.[41]

그러한 미묘한 신체 움직임의 재생이 가능하다면, 이미 어떤 기분에 처한 컴퓨터 앞의 사람은 자신의 기분을 아바타의 반응을 통해 전달하면서도 자신이 그리고 있다는 것을 깨닫지 못할 수도 있다. 배경적으로 작동하는, 거리를 두고 서는 실천에서 그들이 은밀히 그리하듯이 말이다. 각 사람의 움직임을 포착하고 그것을 **직접** 아바타로 소통하는 것은 모든 아바타들이 동시협조를 이루어 전염적이고 상황적인 기분을 산출하는 결과를 낳을지도 모른다. 분위기처럼, 그러한 기분은 어떤 한 사람의 통제를 벗어나 있을 것이며, 빗방울이 허리케인에 말려들 듯이 새로운 참여자 각각을 끌어들일 것이다.[42] 이것은

---

[40] 개인적 대화. Nov. 2007.
[41] 현재 아바타의 얼굴과 신체의 표현가능성은 제한되어 있어서 그다지 고무적이지 않다. 그러나 어쩌면 모션 캡처 기술이 이 문제를 피해갈 수 있을지도 모른다.

원칙적으로 가능하지만, 현재의 기술을 훨씬 넘어선 데에 있다.

현재의 데카르트적 모델의 경우, 우리가 할 수 있는 최선은, 결혼, 장례식, 스포츠 행사, 가족 만찬에서의 기분에 있을 때의 움직임을 우리의 아바타가 거쳐 가도록 지시하는 것이다. 그러나 거기에는 전

---

42 이 빗방울 비유는 기분의 전염을 포착하려는 것이다. 그러나 이 비유는, 기분에 휩쓸려 **버려서** 우리가 **자신을 잃어버리는** 것과 기분에 쓸려 **올라가서** 우리가 그 기분의 성격과 힘에 **기여하기도** 한다는 의미를 구별하지 않아서 오도할 수도 있다. 그러므로 기분에 끌어들여지는 두 가지 방식이 있다. 가령 우리는 군중이나 파시스트 정치 대회가 우리를 장악할 수도 있다. 이때 우리는 대중의 압도적인 힘과 **우리 자유의 전적인 상실**을 감각한다. 또는 어떤 초점적 행사에서 공유되는 기쁨, 슬픔, 좋은 느낌 등등에 자신이 기여하고 있다는 감각에 의해 우리는 스스로에게 **힘이 생겼다고** 느낄 수도 있다.

방 **안의** 분위기를 어느 정도까지 직접적으로 공유될 수 있느냐는 질문 외에, 「세컨드 라이프」에서 방의 분위기를 어느 정도까지 느낄 수 있냐는 다른 경험적 질문이 있다. 건축가들은 무대—건물, 집, 방 등—의 분위기에 민감하다. 그들은 「세컨드 라이프」에 가상 방을 만들어서, 누군가가 아바타로 그 방을 걸어다니고, 그 방이 따뜻하게, 안정되게, 흥분되게, 우울하게 등등으로 느껴졌는지를 알아내고 싶어 할 것이다.(이것은 방 안에 공유되는 분위기가 있느냐는 것과는 전적으로 다른 물음이다. 방 자체가 위안을 주는 느낌일 수 있지만, 그럼에도 어떤 경우에는 흥분한 집단적 분위기의 장소일 수 있다.)

공간의 분위기를 고려할 때, **상호신체성**은 관련된 요소가 아니다. 공간은 어떤 개인에게 효과를 끼칠 수도 있기 때문이다. 그러나 건축가들은 다양한 가상공간이 사용자의 기분에 끼치는 영향으로 실험을 할 수 있을 것이다. 이는, 가상의 방에 대한 경험이 현실의 방에 대한 경험이 어떨지를 예언해주는 것으로서 얼마나 믿을만한가 하는 물음을 제기한다. 그 방을 탐험하는 아바타의 주인이 일인칭적 관점을 취하지 않는다면, 그리고 더 나아가, 자신의 신체가 그 방을 가로질러 이동하고 있다는 감각을 가지지 않는다면, 「세컨드 라이프」에서 그 방의 분위기에 대한 경험은 동일한 현실의 방의 분위기를 신뢰성 있게 예언해주지는 못할 것이라는 의혹을 나는 가지고 있다. 그러나 방을 가로질러 걸어갈 때의 가상적 일인칭 관점이 개선되어서 사용자가 직접 자기 신체를 움직인다는 감각을 가진다면, 가상적 방의 분위기는 현실 세계의 비슷한 방의 분위기와 꽤 비슷하게 될 수 있을 것이며, 그리하여 건축가에게 길잡이가 되어 줄 수 있을 것이다.

반적인 분위기가 전염될 가능성은 없을 것이다. 데카르트주의적 철학자들이 견지한 바 그대로, 기분은 조종되는 신체적 움직임을 통해 고립된 개인 사이에서 소통되는 사적인 내적 감정으로만 경험될 것이다. 공유되는 기분의 자발성과 특유성, 공유되는 기분이 공유되고 있다는 감각, 초점적 의식을 이루는 모든 것이 필연적으로 결여될 것이다. 전염도 없고, 공유되는 기분에 휩쓸린다는 흥분도 없고, 자족적인 공유되는 세계도 없고, 뭔가 중요하고 만족스러운 것이 일어나고 있다는 공유되는 감각도 없다. 신성이 깃들어서 기억할 만한 초점적 의식을 산출하지도 않을 것이다.

요약하자면 다음과 같다. 초점적 행사, 즉 다른 관점에서는 세속적인 우리 세계에서 우리에게 허용되는 가장 유의미한 경험은 하이데거와 메를로-퐁티는 인지했으나, 현재 수용되고 있는 데카르트적 모델에서는 포착되지 못하는 네 가지 능력을 요구한다.

1. **상호신체성**, 즉 기분의 **직접적인** 신체적 표현과 포착,
2. 포착된 기분이 **공유될 것**,
3. **공유된 기분이 공유되고 있음**을 초점적 사건의 관련자들이 느낄 것,
4. 그들이 **그들의 통제를 벗어난 힘에 장악되고 있음**에 그들이 **기여했다**는 것을 관련자들이 느낄 것.

감정의 소통에 대한 현재의 데카르트적 모델에 갇혀있는 한, 기분의 전염을 프로그래밍하는 것은 불가능하며, 그러므로 초점적 의식

은 현재의 가상 세계에서는 불가능하다.[43] 어쩌면 린든 랩의 프로그래머들은 웹캠을 이용하는 프로그램을 일반화하여 컴퓨터 앞의 사람들이 아바타의 신체 속으로 은밀히 숨어드는 방법을 발견할지도 모른다. 어쨌든, 아바타 신체가 우리와 충분히 유사한 표현적 움직임을 할 수 있게 프로그래밍하는 데에 프로그래머들이 성공해낸다면, 그리고 그들이 아바타의 조종을 뇌 또는 신체와 직접 짝지을 수 있다면, 어쩌면 그들은 사용자의 거울 뉴런에 의존하여 상호신체성을 포착할 수도 있을 것이다. 그러면 「세컨드 라이프」의 주민들은 공유되는 기분으로 빠져들고, 저 공유되는 기분이 공유되고 있음을 공유하게 될 것이며, 그리하여 초점적 실천을 「세컨드 라이프」로 불러들일 것이다. 초점적 의식이 사실상 프로그래밍될 수 있을지 어떨지, 그리고 그렇다면 언제 어떻게 될지는 경험적 질문이다.

---

[43] 사용자들이 초점적 사건을 공유하러 오도록 끌어들여질 수 있다는 것을 프로그래머들이 이미 보여준 듯도 하다. 「월드 오브 워크래프트」를 48시간 동안 쉬지 않고 플레이한 뒤 사망한 한국 여성에 대한 가상 장례식의 스크릿샷이 있기 때문이다. 기억할 만한 사건이 필요하다는 것을 가상 세계의 주민들이 느끼고서, 결혼식과 장례식 같은 초점적 행사를 마련하려고 시도한다는 것은 흥미로운 일이다. 그러나 그러한 사건에 특유한 기분의 독특성 및 그 기분이 공유된다는 감각이, 애도하는 사람들이 선택하고 명령하는 전형적 몸짓을 통해 어떻게 전달될 수 있을까? 장례식에 참석한 모두가 그들의 일반적인 애도의 몸짓을 보여주는 것만으로는 확실히 불충분할 것이다. 그것은, 애도하는 사람들이 공유되는 공적 기분을 체험하고 있다는 것을 보여주지 못하고, 각자가 애도하는 자로서 행동하기로 사적으로 선택했음만을 보여줄 것이다.
CEO가 전화를 걸어서 그녀의 근심어린 마음을 집단에게 전할 수도 있을 것이다. 그러나 전화-회담-장례식이 가능할까? 이것은 경험적 물음이다. 어쩌면 할 수도 있을 것이다. 그러나 애도의 무거운 분위기가 깃들기 위해서는 아마도 상호신체성이 필요할 것이다.

결론

현재 구상된 대로의「세컨드 라이프」가 네 가지 철학적 반박을 받을 수 있음을 우리는 보았다. 실존주의자들은, 가상의 삶에 몰두하는 것은 현실 세계의 삶의 취약성과의 대면을 회피하려는 기분전환의 궁극 형태라고 주장할 것이다. 그래서 그것은 사용자들로 하여금 그들의 유한성에 직면하라는 부름에 응답하는 고통과 기쁨을 보지 못하게 한다. 니체주의자들은「세컨드 라이프」가 조심스런 실험을 제공하기는 하지만, 위험 있는 현실 세계에서만 가능한 용감한 종류의 실험의 보상은 놓치고 있는 가장무도회라고 볼 것이다. 키에르케고르주의자들은「세컨드 라이프」의 안전성이 가진 매력으로 인해 무조건적 헌신이 일어나기 힘들다고 말할 것이다. 그리고 마지막으로 하이데거주의자들은, 의미 있는 삶을 위해서는 우리가 초점적 의식에 관여해야 한다고 지적할 것이다. 그리고 그러기 위해서는, 우리의 세계에 중요성을 주고 초점적 의식을 가능케 하며 그러므로 우리 삶에 의미를 주는, 공유되는 기분의 힘에 대한 감수성이 필요함을 지적할 것이다. 그러나 은폐된 컴퓨터 사용자가 숙고하여 자신의 공적 아바타를 조종하는 현재의 데카르트적 모델의 경우, 그러한 감수성은 불가능하다.

그러므로 내적 마음과 대상-신체라는 데카르트적 틀에서 작동하는 한, 삶을 살 가치가 있게 만드는 근본적이고 문화교류적인 고대와 근대의 방식이「세컨드 라이프」같은 가상 세계에 부재하는 것은 불가피할 것이다. 우리가 현재 상상할 수 있는 종류의 메타버스에서, 기억할 만큼 유의미한 삶을 영위할 수 있다는 생각은 신화일 것이다. 현세토시는, 최상의 상태로 삶을 살고 싶다면, 우리는 위험이 있고, 기분이 있으며, 현실 세계에 신체적으로 몰입하는 것을 받아들여야 할 것이다.

결론

우리는 지금까지 정서와 기분을 포함하는 우리의 신체가, 무엇이 우리와 관련된 것인지를 파악하여 사태를 이해할 수 있도록 하는 데 핵심적 역할을 한다는 것을 살펴보았다. 신체는 사태가 우리에게 중요하게끔 해주고 기량을 습득하게 하며, 사태의 현실성을 감지할 수 있도록 하고, 다른 사람을 신뢰할 수 있도록 하며, 우리의 삶에 확고한 의미를 주는 무조건적 헌신을 하도록 하고, 마지막으로 의미 있는 초점적 의식을 가능케 하는 상호신체성을 일구도록 해준다. 이러한 체화된 능력 없이 우리가 살 수 있으리라고 생각하는 것, 즉 우리의 상황적이고 취약한 신체를 떠나 점점 더 탈신체화되고, 초연하고, 무소부재한 정신이 될 기회를 월드 와이드 웹이 우리에게 제공한다고 기뻐하는 것은 심각한 잘못이다. 정보의 탈신체화가 늘어남에 따라 난감한 상충관계들이 발생한다.

1장에서 우리는 1999년까지 웹이 걱정될 만큼 성장함에 따라, 무의미한 하이퍼링크들에 대한 통계적 구문론적 고속 검색과, 정보들 사이의 유의미한 연결에 대한 구식의 느린 인간적 판단 사이의 고통스러운 상충관계에 사람들이 직면했음을 보았다. 이는 지능과 자연언어를 형식화하려는 시도로 이끌었으나, 반복되는 실패로 인해 절망적이 되었다. 그러나 새천년 현재 우리는 구글과 위키피디아 덕분에, 인공지능과 자연언어 처리에 시간과 돈을 낭비하기를 그만두고 두 세계의 최선을─사용자에게 **중요한** 것에 따른 수십억 개의 하이퍼링크된 웹페이지들에 대한 구문론적 고속 검색, 그리고 유의미한 연결을 보존하고 부각시키기 위해 세계에 대한 방대한 양의 정보를 어떻게 조직하는 것이 최선인가에 대한 인간적 판단─모두 즐길 수 있다.

그러나 다른 네 장에서 상충관계는 더욱 복잡하다. 두 선택지는 동등하지 않다. 상충관계의 한쪽 편이 다른 쪽보다 우월하다. 이를 비대칭적 상충관계라고 부를 수도 있겠다.

2장에서 우리는 교육에 관한 한 초보자에게 필요한 사실과 규칙 그리고 훈련과 실습을 제공하는 데에 인터넷이 유용할 수 있다는 것을 보았다. 그러나 전문성을 획득하기 위해서는, 잘못일 수 있는 해석을 하고 잘못으로부터 배우는 데에서 오는 몰입과 위험이 필요한 듯하다. 웹에서 다운로드 받은 강의를 보느라 컴퓨터 화면 앞에 홀로 그저 앉아 있다면, 그런 몰입은 부재한다. 웹의 온라인 **상호작용적** 강의에는 몰입이 더 있겠지만, 위험을 부담하고 타인 앞에서 칭찬이나 비판을 수용하는 감각은 훨씬 감소한다. 그렇기에, 몰입도 감소한다. 그러므로 그러한 강의들은 숙련성 이상을 산출할 것 같지는 않다. 교사와 학습자가 서로의 현전 앞에서 위험을 부담하고 있음을 느끼며 각각이 상대방으로부터의 비판을 기대할 수 있는 교실에서만, 능숙함의 습득을 촉진하는 조건이 현전한다. 그리고 오직 현실 세계에서 행위함으로써 전문성을 획득할 수 있다. 대가가 되기 위해 필요한 견습에 관해서라면, 그것은 학습자가 대가의 매일의 반응을 보며 그녀의 양식을 모방하는 법을 배울 수 있는 곳에서만 가능하다.

그래서 2장에서 우리는, 원격 교육을 생각할 때 경제성과 실효성 사이에서 선택을 해야 함을 보았다. 행정가와 입법자들은 "최대의 처리량"을—이것이 숙련성만을 산출한다고 해도—선호하는 경향이 있겠지만, 대부분의 스승, 부모, 학생은 — 형편이 된다면 — 능숙함을 산출하는 공유된 몰입을 선호하리라는 것, 그리고 전문성과 대가성의 획득을 가능케 하는 현실 세계의 경험과 멘토링을 선호하리라는 것도 보았다.

우리의 현실 감각과 관련해서, 상충관계는 다른 방식으로 비대칭적이다. 현전과 원격현전의 관계는 각각의 장점과 단점의 문제가 아니며, 그래서 한쪽이 아닌 다른 쪽을 선택하는 문제가 아니다. 오히려 원격현전은 현전을 전제한다. 여기에서 비대칭은 의존의 비대칭이다. 그래서 내가 주장하는 바는, 객체의 원격현전이든 사람의 원격현전이든 그것은, 현실 상관자가 사태 및 사물에 대처하기 위한 신체 일체를 가지로 현전한다는 탄탄한 의미에 기생한다는 것이다.

의미에 관해서, 상충관계는 또다시 비대칭적이다. 이번에는 한쪽은 긍정적이고 다른 쪽은 부정적이다. 키에르케고르가 우리를 이해하는 방식대로 우리가 계속해서 존재한다면, 모든 유의미한 구별이 평준화될 경우 우리는 절망할 것이다. 유대-기독교적인 유의미한 구별은 헌신과 취약성을 요구하고 그것은 우리의 신체화된 유한성을 요구하기에, 탈신체화된 허무주의와 신체화된 유의미한 차이 사이의 선택에서 우리에게 문제될 것은 없어야 할 것이다.

우리가 국지적 상황에서 대상 및 타자와 함께 삽입되어 있는 신체화된 세계에는 고질적으로 위험이 있다. 이를 우리는 한탄할 수도 있다. 그러나 모두가 모두에게 그리고 모든 것에 원격현전하는 경계 없는 가상적 세계에서 산다는 발상은 모든 유의미한 차이를 평준화하며, 전혀 국지적으로 유의미한 의식儀式으로 이끌리도록 뒷받침해

주지 않는다.

그러나 이 모든 것이 말해주는 것은, 웹이 우리에게 해줄 수 없는 것이 무엇인지를 우리가 알 수 있다는 데에 불과하지 않은가. 웹이 할 수 있는데 우리가 아직 상상할 수조차 없는 대단한 것들이 있을지도 모른다. 어쨌든 「파이돈」에서 플라톤이 말에 대립하여 글을 도입하는 것에 반론한 것은 유명하다. 그 이유는 플라톤이 지적한 대로, 글은 발화자의 음색과 신체 자세를 읽는 것을 불가능하게 하기에 소통의 풍부함을 감소시킨다는 것이다. 더 나아가 그는, 원거리에서 합의에 이를 수 있다면 그것은 입말에 의해 확정된 합의만큼 구속력이 있지 않으리라고 보았다. 또한 그는 사람들이 중요한 사건을 기억하는 능력을 잃어버릴 것이라고 생각했다.

물론 모두 맞는 말이지만, 플라톤은 글 덕분에 우리가 더 넓은 소통 수단, 원거리에서 계약을 하는 새로운 방식, 완전히 새로운 문화적 기억을 얻게 되리라는 것을 예견하지 못했다. 그가 이 모든 것을 예견했더라면, 수반되는 상충관계에 관해 더욱 긍정적인 관점을 가졌을지도 모른다.

자동차처럼 인터넷도 우리가 예견하지 못할 좋거나 나쁜 엄청난 귀결을 가지리라는 것에는 의심할 여지가 없다. 그럼에도, 나의 논증과 플라톤의 논증 사이에는 두 가지 중요한 차이가 있다. 플라톤의 동시대인들 사이에서 글의 가치에 대한 어떤 주장들이 있었는지 나는 알지 못한다. 그러나 나는 인터넷의 가치에 대해 우리 동시대인들이 제시한 긍정적 주장들이 대부분 과대선전이라고 주장해 오고 있다. 인터넷의 장기적인 가치가 무엇으로 밝혀지든 간에, 인터넷이 제공하는 정보의 질, 인터넷이 가능케 하는 민주적 원격학습, 인터넷 사용자의 현실 전체에의 현전, 의미로 기득 차 있지만 세계의 붕괴로부터는 안전한 실험적 삶의 가능성은 장점이 될 수 없다.

더 중요한 것은, 내 논증이 옳다면, 무비판적으로 사용할 때 우리가 무엇을 상실하게 되는지에 있어서 인터넷은 글과 극적으로 다르다는 점이다. 누구든 말하기를 포기하고 글을 통해서 자기 삶을 살아갈수록 더 나아질 것이라고 제안한 사람이 플라톤 시대에 있었을 것 같지는 않다. 반면에 엑스트로피주의자들 같은 집단은 우리가 신체를 포기하고 사이버 공간에서 살아갈수록 더욱 나아질 것이라고 말하고 있다. 내 대답은 다음과 같다. 우리가 사이버비아cyberbia에서◆ 살게 된다면, 우리는 플라톤이 글을 통해 멸종위기에 처할 것이라고 보았던 면대면 대화, 언약, 기억력보다 더 많은 것을 잃을 것이다. 우리는 관련된 정보를 찾기 위해 유일하게 믿을만한 방법, 기량 습득을 위한 능력, 현실 감각, 유의미한 삶을 영위할 가능성을 잃을 것이다―마지막 셋은 인간으로서의 우리를 구성하는 것들이다. 실로, 이것들은 우리가 누구인지를 너무나 강력하게 규정하기에, 기대하지 못했던 새로운 것이 나타나 이들의 상실을 보상할 가능성은 없을 것이다.

그러나 물론 우리는 여전히, 웹이 무엇을 위해 좋고 무엇을 위해 좋지 않은지를 알고 싶을 것이다. 그래서 우리는 웹이 잘 하는 것을

◆ cyberbia. cyburbia로도 쓴다. 도시 근교의 낙후된 지역 및 그곳에서의 삶의 방식을 가리키는 suburbia와 cyber를 결합한 말로서, 사이버 세계를 어느 정도 부정적 함의를 담아서 이르는 말이다.

위해 웹을 사용할 수 있을 것이다. 그러면 위의 각 영역에서 웹으로 부터 우리가 어떤 이점을 취할 수 있을까? 명백하게도, 우리는 어떤 공생을 조성할 필요가 있다. 이 공생에서 우리는 신체화된 긍정적 힘을 사용하여 적절한 것을 찾아내고, 몰입을 통해 기량을 학습하고, 현실을 움켜쥐고, 위험 있는 헌신을 하고, 삶에 의미를 주는 공유된 기분에 응답한다. 또한 사이버공간에서 아바타 신체에 가능한 한 직접적으로 접근할 수 있게 해야 할 것이다. 반면에 천문학적인 분량의 정보를 저장하고 거기에 접근하는 데에, 우리를 타자와 연결하는 데에, 멀리 떨어진 곳을 관찰할 수 있게 해주는 데에, 다른 세계와 다른 자아를 위험부담 없이 실험하는 데에 웹의 놀라운 능력이 기여할 수 있게 해야 할 것이다. 그러면, 이미 말한 것들을 요약하는 대신에, 나는 이러한 공생이 어떻게 작동할 수 있는지 몇 가지 예를 제시하고 싶다.

검색, 적절성과 인출

1999년에 책임 있는 관찰자들은, 웹이 너무나 빠르게 성장하기에 구문론적 검색은 틀림없이 실패할 것이라고, 그리고 사람들은 인간의 판단으로 되돌아와야 한다고 주장했다. 다음은 천년의 전환기에 있었던 이러한 상황에 대한 전형적인 설명이다.

검색엔진이 처음 등장했을 때, 그들은 거대한 규모에서는 사람이 할 수가 없는 두 가지 것을 이뤄낸다는 점 때문에 환영받았다. 검색엔진은 소프트웨어 에이전트를 이용해서 사이트가 거의 등장하자마자 그것을 찾아내서 색인을 만들 수 있었다. 그리고 검색엔진은 유혹적인 검색란에 입력된 어떤 키워드와, 멀리 있는 어떤 사이트를 거의 즉각적으로 짝지어줄 수 있었다.

그러나 웹의 성공은 자동화의 약속을 억제했다. 지금은 10억 개 이상의 웹 페이지가 있으며, 어떤 전문가의 계산에 따르면, 그 수는 매달 배가되고 있다. … 많은 검색 공학자들이 내린 결론은, 이에 대처하기 위해 단순히 더 많은 페이지 색인을 만드는 것은 해답이 아니라는 것이다. 대신에 그들은 한때는 책임회피로 생각되었던 한 가지 자원에 의존하기로 결정했다. 그것은 인간의 판단이다.[1]

하지만 이제 구글은, 구식 인간의 판단 및 그것의 도움을 받아 사람들이 조직하고 검색할 수 있었던 도서관과 백과사전이 필요가 없다는 것을 보여준 것 같다.

그러나 구글의 성공이 1990년대 후반의 비관주의가 단순히 틀렸다는 것을 보여주는가? "기계는 의미를 인지하지 못하므로 원리적으로, 문서 색인 및 분류 작업 과정에서 인간의 판단이 할 수 있는 일을 복제하지 못한다"라고 돈 스완슨이 말했을 때 그는 잘못 본 것인가? 컴퓨터들은 인간 같은 판단을 보여주도록 프로그래밍되었는가?

---

[1] L. Guernsey, "The Search Engine as Cyborg", *The New York Times*, June 29, 2000.

아니다. 구글은 중요성을 계산하는 구문론적 방법이 있음을, 심지어 적절성을 계산하는 구문론적 방법이 있음을 증명한 것이다. 그러므로 구글의 접근법을 사용하는 검색은 검색될 웹사이트가 더 많을수록 더 향상된다.[2]

그러나 놀랍게도, 앞서 인용된 뉴욕 타임스의 기자가 옳았다는 것, 그러나 그릇된 이유로 옳았다는 것도 판명되었다. WWW의 크기의 성장은 문제가 아니었다. 구글은 하이퍼링크에 의해 조직화된 정보를 위해 수십억 개의 웹사이트를 검색하는 만만찮은 문제를 해결했다. 그럼에도 불구하고, 다른 인간의 관심에 맞추기 위해 방대한 정보체를 조직하는 인간으로의 회귀 현상도 나타났다. 구글 및 구글의 수평적 하이퍼링크 채굴 작업과 함께, 특정 영역의 전문가이며 과거의 백과사전 편집자처럼 상식을 가지고 있는 인간 자원봉사자들이 등장했다. 이 전문가들은 경험과 상식을 이용해서 재료들을 의미에 따라 조직화하였다. 그 결과가 위키피디아, 인간이 편집하고 온라인으로 유지되며 과거의 수직적인 방식으로 조직화된 백과사전이다.

더 나아가 고든 리오스는 이렇게 지적한다. "최대의 화제는 위키피디아 사용의 증가입니다. 2001년에 시작된 후, 위키피디아는 일

---

2 사실은 구글에는 구문론적 검색과 의미론적 검색의 일종의 공생이 있다. 구글 검색을 사용하는 사람은 하이퍼링크에 제한되지 않고, 그들의 인간적 이해를 발휘한다. 달리 말하자면, 사람들은 검색어 Q에서 돌아오는 것이 무엇인지 보고, 그러면 Q′를 제시하고 무엇이 돌아오는지 보고, 그러면 Q″를 제시하는 등으로 진행한다. 이런 식으로, 구글이 발견한 순위 매겨진 페이지를 이용하여 관련성을 이해함으로써, 검색자들은 관련 있을 수 있는 페이지를 볼 수 있고, 다음으로 결과가 완전히 만족스럽지 않다면, 그들의 상식을 이용해서 그들의 검색어를 더욱 섬세하게 조절할 수 있다. 그 결과는 구문론적 검색의 놀라운 성공이다.

간 페이지 뷰의 점유율에서 구글과의 격차를 좁혀 오고 있습니다. 흔히 구글의 최상의 검색결과는 위키피디아의 알맞은 페이지를 가리켜주는 것입니다."

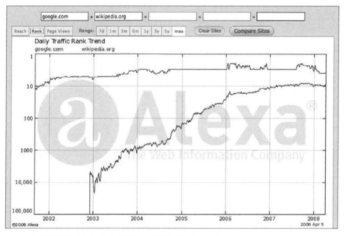

도표 1 **구글과 위키피디아의 트래픽 추이 그래프**

두 검색 방법 모두 가치가 있다. 때로는 구문론적 검색이 잘 작동하고 때로는 구식의 의미론적 검색이 더 나은 일을 한다.[3]

이것은 컴퓨터가 할 수 없는 것을 인간이 하면서 동시에 인간이 할 수 없는 것을 컴퓨터가 하도록 프로그래밍하는 아름다운 사례다. 말하자면, 단편적 정보들이 서로 얼마나 **관련 있는지**를 부각시키기 위해 판단을 행사하면서 정보를 조직하는 일은 인간이 하고, 인간

---

3 개인적 대화. 도표 1은 일간 페이지 뷰의 퍼센트에 있어서 위키피디아가 구글을 얼마나 따라잡고 있는지를 보여준다. 출처: http://www.alexa.com/data/de-tails/traffic_details/wikipedia.com?site0=google.com&site1=wikipedia.com&y=r&z=3&h=400&w=700&range=max&size=Large

사용자가 중요하다고 여기는 것을 찾기 위해 하이퍼링크된 엄청난 양의 자료를 이해하지 않고 검색하는 일은 컴퓨터가 한다.

비관주의는 더 이상 유행이 아니다. 본래적으로 무의미한 하이퍼링크들로부터 의미를 채굴하는 구글의 능력을 이용하는 컴퓨터 사용자들과, 공유되는 신체화된 인간적 삶의 형태를 배경으로 인간에게 의미 있게 되는 수직적인 방식으로 정보를 조직화하는 인간 백과사전 편집자와 사서들의 판정, 양쪽 모두에게 웹 검색의 미래는 밝다.

원격학습과 팟캐스트 세계

기량 습득이 몰입과 위험부담을 요구한다는 것, 그리고 직업적 기량과 문화적 기량은 견습을 통해 신체에서 신체로만 전수될 수 있다는 것을 인정한다 해도, 교육에서 여전히 구식의 강의/토론의 장점을 웹의 능력과 결합하는 방법은 많다. 학생들이 신체적으로 현전하며 이미 학습에 관심을 가지는 공유된 분위기가 있는 경우에, 학생들의 과제, 질문, 논문 주제 등을 웹사이트에 올리는 것은 강의 과정에서 무엇이 진행되고 있는지에 대한 정보를 학생들이 계속 제공받는 데에 도움이 된다는 것을 교수자들은 발견했다. 교수자들은 학생들이 토론방에서 토론할 수 있는 질문을 제시할 수도 있고, 필요할 때 학생들이 제기한 쟁점을 명확히 하기 위해 토론에 개입할 수도 있다.

이에 더하여, 나는 실제 강의를 MP3 형식으로 웹사이트에 올려두는 것이 유용하다는 것을 발견했다. 그러면 수업에 빠져야 했던 학생들이 후에 기숙사에서 들을 수 있으며, 논문을 쓰는 학생들이 너무 빨라서 따라가기 힘들었던 강의를 뇌새길 수 있디. 그런 경우, 학생들이 왜 굳이 수업을 들으러 오는지를 궁금해 하는 사람도 있을 것이다. 그러나 대부분의 학생들이 강의에 신체적으로 현전함으로부터 ―강의실의 분위기를 공유하고 교실에서의 토론에서 위험 있는 제안을 함으로부터― 뭔가 특별한 것을 얻어 낸다는 점에는 틀림이 없다. 이제 편리한 때 언제든 자기 컴퓨터에서 강의를 볼 수 있음에도 비오는 날 출석률이 30퍼센트 떨어지는 것을 제외하고, 수업 출석률에 큰 영향은 없었다. 이것이 시사하는 바는, 교실에 현전하는 것이 상당히 긍정적인 경험으로 느껴지기에 많은 학생들이 나쁜 날씨 속을 힘들게 걸어와서까지 참석을 하려 하지만, 편안함을 소중히 여기는 학생들은 원격학습으로도 충분히 만족할 만한 정도를 웹캐스트가 제공한다는 점이다. 어쨌든 그것은 확실히 없는 것보다는 낫다.

기숙사에서 내 강의를 본 학생들은, 저장된 웹캐스트들은 **일단 강의에 참석했던 경우**에 도움이 된다는 것을 깨달았다고 말했다. 그런 후 그들은 웹캐스트를 다시 보면서, 비디오를 멈추고 어려운 지점을 검토할 수 있다. 그러나 강사 및 다른 학생들과 함께 강의실에 현전하는 것에는 뭔가가 있다고 느꼈다. 그것은 "서로 연결되어 있음"의 감각을 주며, 학생들은 이러한 감각이 없어지기를 원하지 않았다. 또한 그들은 강사의 현전 덕분에 제시되고 있는 내용 가운데 중요한 것에 초점을 맞출 수 있다고 느꼈다. 그러나 나는 학생들이 내 강의의 **오디오본**을 선호한다고 말해서 놀라기도 하였다. 그들은 움직이는 이미지가 그저 정신을 산만하게 할 뿐이라는 것을 깨달았다고 말했다.

그러나 이 책의 2판을 낼 때, 사태는 아주 놀랍도록 역전되었다. 지난 5년 간 대부분의 엘리트 대학들은 원격강좌를 폐기했다. 강의실을 대체하고 고등교육을 민주화하려 하는 대신에 이 대학들은 언제나처럼 계속해서 엘리트적이었다. 그러나 이 대학들은 강의의 탈체화된 측면을 전 세계 누구나 사용할 수 있게 만듦으로써, 지식을 사랑하는 모든 사람에게 손을 뻗었다. 폭넓게 보도된 연합통신의 한 기사가 이 이야기를 전해준다.

인터넷이 출현했을 때, 그것은 고등교육을 대학 캠퍼스에 매어놓은 줄을 끊어 버림으로써 고등교육에 혁명을 일으킬 것이라고 전문가들은 예언했다. 기술은 21세기의 근본적 과제 가운데 하나를 해결하는 것을 도울 수 있었다. 그것은, 학위가 경제적 성공에 점점 더 핵심적이 되어가는 시대에 고등교육을 대중들에게 제공하는 것이다.

오늘날 인터넷은 실제로 고등교육을 변모시켰다. 영리, 비영리 양쪽으로 수십억 달러의 산업이 나타나 온라인 교육과 학위를 제공했다. 온라인 학습 그룹 슬론 컨소시엄Sloan Consortium이 제공한 수치에 따르면, 적어도 하나의 온라인 강좌에 등록한 학생이 350만 명 정도 된다. 이는 학위수여 기관에 있는 모든 학생의 약 20퍼센트에 달한다. 그러나 전문가들이 고등교육의 "대중화"라고 부르는 사건에 엘리트 대학들이 할 수 있는 역할이 있다면 그것이 무엇일지는 별로 명확해지지 않았다. 그 대학들의 재정은 특권에 바탕을 둔다. 이것은 그 대학들이 더 많은 학생들을 입

학시키기보다는 돌려보낸다는 것을 뜻한다. 그 대학들은 학위의 가치를 줄이지 않고서 어떻게 대중 교육을 할 수 있을까?[4]

MIT가 선구적인 답변을 내놓았다.

"열린 강좌 프로그램"Open Course Ware이라고 불리는 MIT의 새로운 기획은 실제로 학교의 모든 강의를 무료로 온라인에서 이용가능하게 하는 것이다 — 강의 노트, 읽기 자료, 시험, 흔히 비디오 강의. 2001년에 등장한 MIT의 열린 강좌 프로그램은 핵심적인 통찰을 보여준다. 그것은, 엘리트 대학들이 가르침과 자격증부여를 분리할 수 있다는 것 — 그리고 적어도 가르침의 일부는 공공 서비스로 제공할 수 있다는 것이다. 그들은 자신의 명성은전혀 상실하고 있지 않다. 사실은 자신의 영향권과 명성을 확장하고 있는 것이다.

MIT의 프로그램이 최대 규모이지만, 이 유행은 퍼져나가고 있다. 전세계적으로 존스홉킨스, 터프츠와 노터데임을 포함하여 100개 이상의 대학이 자신의 열린 강좌 프로그램을 홍보하는 대학협력단을 통하여, MIT의 기획에 동참했다. … 이달, 예일대는 유명한 일곱 강좌의 내용을 온라인으로 이용가능하게 할 것이며, 30개 강좌가 뒤따를 것이라고 발표했다.

---

[4] Justin Popoe, "Internet Opens Elite Colleges to All," *Associated Press*, December 29, 2007. 이는 『워싱턴 포스트』, 『헤럴드 트리뷴』을 비롯한 여러 신문에서에서 게재되었다.

많은 기술 유행이 그렇듯, 새로운 서비스와 플랫폼이 변화를 이끌고 있다.

일부 대학은 강의를 팟캐스트 형식으로 아이튠즈 스토어에 등록하기 시작했다. 누구나 컴퓨터나 아이팟으로 이 무료 비디오 녹화본이나 오디오 녹음본을 다운로드할 수 있다. 5월에 애플이 아이튠즈U라는 이름으로 아이튠즈 홈페이지에 강좌를 게재하기 시작한 이후로 다운로드 수는 급등했다. 예를 들어, UC 버클리가 제공하는 86개 강좌는 애플의 홍보 전에는 매주 1만 5천 번 다운로드되었으나, 이제 5만 번으로 늘어났다.[5]

내가 보기에 이 방식이 올바른 길로 보인다. 그것은 엘리트 교육의 탈신체화된 부분을 웹을 이용하여 모두가 이용할 수 있게 하면서도, 이러한 수동적이고 탈신체화된 학습 형태가 교수와 동료 학생들의 위험 있는 현전 앞에서의 학습을 대체할 수 있다고 주장하지 않으며, 사실상 명백하게 부정하고 있다. 그래서 나는 나의 현 강좌 모두를 아이튠즈U에서 다운로드할 수 있게 하였다. 최근 『LA 타임스』가 일면에 [6]—ABC 뉴스는 이를 좀더 심층 보도하였다)[7]—나와 관련된 기사를 보도했다.

[5] 같은 곳.

[6] Michelle Quin, "The iPod Lecture Circuit", *Los Angeles Times*, November 24, 2007.

[7] ABC World News with Charlie Gibson, Saturday March 22, 2008.

백스터 우드는 휴버트 드레이퍼스의 가장 성실한 학생 중 하나이다. 실존주의에 대한 강좌 내내 우드는 모든 말을 귀담아두고, 학생의 발언에 대해 생각하기 위해 78세 철학 교수가 말을 멈추는 순간을 음미한다. … 그러나 우드는 UC 버클리 캠퍼스 강의실에 앉아 있지 않으며, 드레이퍼스를 만난 적도 없다. 그는 18인치 바퀴가 달린 빅 리그의 운전석에 앉아 오하이오에서 서해안으로 개 사료를 운송하거나, 평면 TV를 로스엔젤레스에서 동쪽으로 운송하는 중이다. 엘패소 출신의 이 61세 트럭 운전사는 애플사의 아이튠즈 스토어에서 강의를 무료로 다운로드 받은 뒤 … 운전석 스피커로 연결해서 듣는다. 도시에 접근하면 그는 정지버튼을 눌러, 신이 죽었다고 말할 때 니체가 무엇을 뜻했는지보다는 교통 상황에 더욱 집중할 수 있도록 한다. 그러고 나서 관심을 다시 교실로 옮긴다. "저는 정말 두 장소에 동시에 있어요." 그는 말한다. "칠판에서 나는 분필 소리가 정말 실감나요."

엘리트 교육 기관의 수백 가지 강의를 온라인에서 무료로 손에 넣을 수 있게 함으로써, 애플은 관념의 세계에 소원해진 사람들의 정신에 다시 활기를 불어넣고 있다. 대학들은 부모와 유망한 학생들에게 자신을 홍보하고, 또한 졸업생과의 유대를 강화하고자 한다. 또한 어떤 대학들은 상아탑의 지적 풍요를 세계의 나머지 부분과 공유하는 것을 자신의 사명으로 보고 있다. … 강사에게는 보이지 않는 이러한 비공식적 학생들이 수업을 듣는다고 학위를 얻는 것은 아니다. 어떤 교수들은 그들의 서신에 답장하지 않기도 한다. 그러나 그들도 무료 강의가 폭발적으로 늘어나

는 것을 즐긴다. 롱비치와 위버빌, 칼리프의 퇴직자, 알래스카의
헬리벗 낚시꾼, 런던의 자료 입력 직원, 뉴욕의 캐스팅 담당자가
—나이, 거리나 상황에 의해 교실에서 분리된 모든 사람들—
세계 최고의 학자들로부터 뭔가를 배우고 있다. …[8]

이것이 최선의 인터넷이다. 이렇듯 탈신체화되기는 했지만 몹시
높은 수준의 교육 형태를 제공하는 일은 인터넷 없이는 불가능했을
것이다.

원격현전

원격정원의 로봇을 조종할 때처럼 내가 원격으로 행위할 수 있고
그 행위의 결과를 볼 수 있을 때조차, 원격현전은 멀리 있는 사태의
위험 있는 현실성에 대한 감각을 결코 주지 못하며, 원거리의 인간에
대한 믿음의 감각도 전달해 주지 못한다고 나는 논증하였다. 그러므
로 촉각, 후각 등을 더해서 신체적 현전이 할 일을 원격현전이 하게
하려는 시도는 노력의 낭비인 듯하다. 그럼에도 앞서 보았듯이, 사람
들이 이미 서로를 알고 믿을 때에는 원격회의의 여지가 있다. 물론
원격현전은 그것을 개발한 본래 목적이었던 영역에서는 여전히 불
가결하다. 가령, 핵반응로를 수리하거나 불모의 행성을 탐험하는 경

---

[8] Michelle Quinn.

우처럼 신체적 현전을 가지고 접근하기에는 너무 크거나, 너무 작거나, 너무 위험한 사태들 나룰 때 그렇다. 이러한 가능성은 월드 와이드 웹보다 앞선다. 그러나 웹은 우리의 감각과 능동적 개입을 우주의 외진 구석까지 확장할 수 있다. 현재 1만 5천 대 이상의 웹캠이 작동하고 있는 것으로 추산된다. 이들을 통해 우리는 어느 때든 세계의 거의 어느 장소든 교통이나 날씨를 볼 수 있다. 우리가 계속해서 우리의 신체를 높이 평가하고, 강의와 견습을 원격학습으로 대체함으로써 우리의 공학적 전문성을 상실하지 않는 한, 우리의 정신은 실로 점점 더 넓은 우주로 확장할 수 있다. 지구에 묶여 있는 수백만 명의 원격 관람자를 신고 원거리의 행성을 탐사하는, 화성 로버 같은 탐색차의 개량된 버전을 우리는 기대할 수 있다.

아마도 원격 관람자들은 심지어 이 원격탐사를 인도할 수도 있을 것이다. 인터넷을 통한 원격현전과 로봇을 이용함으로써, 우리 각자의 눈과 귀의 확장이 되어주는 원거리 대리자들을 조종할 수 있는 매력적인 가능성이 주어진다. 우리는 가령 핵반응로로 걸어들어가는 것처럼, 직접 탐색하기에는 너무 위험한 상황에 참여할 수 있을 것이다. 또는 프랑스에 있는 세트에서 촬영하면서 오스카 상 수상식에 참여하는 것처럼, 직접 참석할 수 없는 상황에서 간단히 출석할 수도 있을 것이다.

가사 로봇의 등장이 지척이라는 말을 40년 동안 들었기에, 위험하거나 먼 장소에서 우리를 대신할 수 있는 로봇 노예를 만드는 것은 쉬운 일이며, 이제 원격현전의 가능성으로 인해 조종하기도 쉬울 것이라고 생각하는 사람이 있을 수 있다. 어쨌든, 켄 골드버그의 원격정원 덕분에 우리는 이미, 로봇 팔을 조종해서 오스트리아 린츠에 씨를 뿌리고 물을 줄 수 있다. 로봇이 매개하는 원격현전의 활용법이 성장하리라는 것은 확실하다.

그러나 슬프게도 현실은 예언보다 훨씬 뒤떨어져 있다. MIT에서 개최된 로봇 제작자들의 국제회의에서, 인간형 로봇이 오래도록 과학소설로 남아있으리라는 것에 일부 신봉자들을 제외하고는 모두가 동의했다. 『뉴욕 타임스』의 기자는 다음과 같은 기사를 송고했다.

> 지난 달 인간형 로봇 2000 콘퍼런스의 주최 측은 그들의 작업이 사회적으로 가질 수 있는 함의에 관하여 참가자 일부에게 설문 조사를 하였다. 거의 가망이 없다는 0으로부터 몹시 가망이 있다는 5까지의 척도에서, 로봇 연구자들은 로봇이 "진화의 다음 단계일 것이며 마침내는 인간을 대체할 것이다"라는 가능성에 영점을 주었다. "그들은 다른 사람들, 가령, 영화 제작자들보다 훨씬 덜 도취되어 있지요." 컨퍼런스의 주최자들 중 하나인 알로이스 크놀Alois Knoll 박사는 말했다. … 놀 박사는 오늘날의 로봇이 가진 한계를 열거했다. "기계적 기민성이 없습니다. 전원 공급장치가 없습니다. 뇌가 없습니다. 감정이 없습니다. 인간에게 가까운 수준의 … 자율성 일반이 없습니다."[9]

그러나 걱정할 것은 없다. 켄 골드버그와 동료 연구자들은 하나의

---

[9] K. Chang, "Science Times", *The New York Times*, September 12, 2000. 저 기사 이후로 10년 동안 상황이 바뀌지 않은 것은 이 분야에서는 평범한 일이다.

해법을 제안하였고, 이는 현재 MIT 미디어 랩에서 탐구되고 실리콘
밸리에서 진지하게 논의되고 있다. 오래도록 로봇은 우리를 대리하
기에는 너무나 조잡하리라는 것을 관계자들은 깨닫고 있다. 그래서
그들은 행위자를 모집하여 임무를 맡기자고 제안하였다. 그들은 어
떻게 하면 한 사람이나 한 무리의 사람이 원격행위자를 원격인도할
수 있을지를 연구하고 있다.♦ 원격행위자는 웹캠과 마이크를 달고
있으며 이를 통해 조종자는 멀리 있는 사건에 원격현전할 수 있다.
원격행위자는 로봇 역할을 하면서 가장자리에 빛이 있는 고글을 쓸
것이며, 이것이 원격행위자에게 어느 쪽으로 돌아야 하는지, 얼마
나 빨리 움직여야 하는지 등의 신호를 줄 것이다. 이때 조종자는 "그
것"이, 예를 들어, 멀리 있는 수상식에 참여하도록 원격인도할 것이다.
　『포춘』은 "거기-있음"이라는 제목으로 미디어 랩의 기획에 관하
여 다음과 같은 기사를 발행했다.

　　원격행위자를 어떤 지역에 보내면, 당신은 그것이 보는 것을 보
　　고 그것이 듣는 것을 들을 수 있다. 다수의 참가자들이 로그온할
　　수 있다. 모두가 같은 관점을 가지고 행위를 지시하는 데에 도움
　　을 줄 것이다. "이는 누구나 원격 경험과 접속할 수 있게 해줄

♦ 켄 골드버그의 원격행위자 기획의 핵심 발상은 두 가지이다. 첫째는 움직임에 제
약이 많은 로봇이 아니라 인간을 조종하자는 것이다. 이렇게 다른 사람의 인도에
따라 행위를 하는 인간을 그는 원격행위자(Tele-Actor)라고 불렀다. 둘째는 개
인이 아니라 집단이 조종을 할 수 있게 하는 것이다. 이때 집단은 로봇을 조종할
수도 있고 원격행위자를 조종할 수도 있다. 이를 위해 그와 동료들은 다수의 행위
지시를 종합하여 하나의 명령을 전달하는 시스템을 만들었다.

것입니다―스포츠 행사, 콘퍼런스, 어쩌면 전쟁 지역 같은, 대부분의 사람에게 너무 위험한 곳조차도요." 켄 골드버그는 말한다. … 기술을 이용하여 거리의 한계를 허무는 "원격현전"의 실험의 일부로서, 골드버그는 팀 동료들과 함께 저 발상을 창안했다. 대역폭이 향상되고 카메라 기술이 저렴해짐에 따라, 원격행위자가 일반적이 될 것이라고 그들은 전망한다.[10]

인공지능이 실패하고 인간형 로봇 연구가 지연되는 때에 기발한 우회로를 제안함으로써, 미디어 랩은 컴퓨터 열광자들이 혼란을 가중시키는 경향이 있음을 예증하는 데에 또 한 번 성공했다. 컴퓨터는 기억과 계산 능력 같은 인간적 능력을 증대시킬 가능성을 보여준다. 그러나 그것은 지성이라든가 자기 신체를 적응적이고 협응적인 방식으로 움직이는 능력 등은 결여한 것으로 드러났다. 그래서 인터넷이 제공하는 원격현전의 가능성을 이용하려면, 로봇이 사람처럼 행동하도록 프로그래밍될 수 없으므로, 사람들이 로봇처럼 행동하는 법을 배워야 한다.

당신이 원격행위자를 인도한다면, 로봇에 의해 전달되는 장면에 당신이 신체적으로 현전한다고 느낄 것인가? 아마 그러지 않을 것이다. 거기에는 위험부담이 없고, 자기수용감각◆이 없고, 원격 행

---

10 C. Thompson, "Being There", *Fortune Magazine*, Special Issue on the Future of the Internet, 142: 8, October 2000, p. 236.

◆ proprioception. 우리는 눈으로 보거나 뒤로 듣지 않아도 내 팔과 발이 어디 있는지, 내 몸이 어떤 자세를 취하고 있는지, 내 몸이 기울어져 있는지 아닌지 등을 안다. 자기수용감각은 이렇게 오감이 아닌 다른 경로를 통해 내 신체의 상태에 대한

218

위자의 움직임을 직접 일으킨다는 감각이 없을 것이다.(5장을 보라) 그러나 당신이 보고 듣는 것을 당신이 조종한다는 감각은 있을 것이며, 이 정도의 원격현전으로도 저 제안은 충분히 흥미로울 것이다.

반성 대 헌신

가장 까다로운 질문들은 월드 와이드 웹이 우리 삶의 질을 향상시키고 있는지 약화시키고 있는지에 관하여 제기된다. 인터넷이 삶을 고립으로 이끈다는 것을 시사하는 두 조사를 우리는 보았다. 그리고 더욱이 이 조사들 가운데 하나는 인터넷의 사용이 고립감과 우울을 낳는다는 것을 발견했다.

그러나 최근 내셔널 퍼블릭 라디오의 설문조사는, 카네기-멜론과 스탠퍼드 연구에서 발견되었던 부작용과 정반대의 것을 보여준다. NPR 웹사이트에서 인용해보자.

내셔널 퍼블릭 라디오, 카이저 가족 기금, 하바드의 케네디 행정 대학원의 새로운 설문조사는, 컴퓨터와 인터넷이 미국인들의 삶을 개선하였다고 생각하는 사람이 압도적으로 많음을 보여준다. 10명 가운데 거의 9명이 컴퓨터가 미국인의 삶을 개선하였

정보를 주는 감각을 뜻한다.

다고 말하며, 10명 중 7명 이상이 인터넷이 삶을 개선하였다고
말한다.[11]

그러나 이 설문조사는 "[투표한 사람 중] 절반 이상이 컴퓨터로 인
해 사람들이 가족 및 친구와 시간을 덜 쓰게 되었다고 말한다"는 것
도 보여주었다. 내 생각에 이것이 보여주는 바는, 도구를 사용하는
방식에 의해 우리가 변모되었다는 것만이 아니다. 어떻게 우리가 변
모되고 있는지를 스스로 의식하지 못하기에, 인터넷이 우리를 위해
무엇을 하고 있는지 그리고 그 과정에서 인터넷이 우리에게 무엇을
하고 있는지를 명시화하기 위한 훨씬 더 많은 노력이 필요하다.

의미에 관해서라면, 나는 인터넷이 우리에게 하는 일은 사실 삶을
개선하기보다는 악화시킨다고 시사하였다. 웹에서 삶을 사는 것은
취약성과 헌신을 제거하기 때문에 매력적이지만, 키에르케고르가
옳다면 이러한 열정의 결여는 필연적으로 의미도 제거한다.

그러므로 도구가 중립적이지 않다는 점, 인터넷의 사용이 물리적
세계와 사회적 세계에의 몰입을 약화시킨다는 점을 명확히 해야 한
다. 다음으로 이것은 현실에 대한 감각과 자기 삶의 의미에 대한 감
각을 약화시킨다. 실상, 인터넷을 더 많이 사용할수록 우리는 비현실
적이고 가상적인 — 육체가 상속받은 모든 불행에서 도망치려는 사
람들이 살고 있는 — 세계로 더욱 더 이끌리는 경향이 있는 것 같다.

그러나 현실 세계의 대의에 이미 헌신하고 있는 사람의 경우, 월

---

[11] National Public Radio, *Talk of the Nation*, February 29, 2000.

드 와이드 웹은 그의 행위 능력을 증진시킬 수 있다. 이는 한편으로는 적절한 정보를 제공함으로써 이루어진다. 다른 한편으로는 같은 대의를 공유하며 공유하는 목적의 추구에 돈과 시간, 어쩌면 삶까지도 걸 준비가 되어 있는 사람들과 접촉할 기회를 헌신적인 사람들에게 제공함으로써 이루어진다. 예를 들어 국제지뢰금지조약은 대체로 웹이 국제적이며 게이트키퍼♦가 없다는 사실에 힘입어서 타결되고 촉진될 수 있었다.

그러나 사회적 사이버공간과 신체화된 사회적 세계 안의 공동체의 모호한 유사성에 의해 생기는 위험은 하워드 라인골드의 영향력 있는 책『가상 공동체』의 2판에 명확하게 표출된다.[12] 그가 새로 쓴 장인 「공동체에 대한 재고」에서 라인골드는 사이버공간에서의 다대 일 상호작용의 장점과 단점을 둘러싼 뒤얽힌 쟁점들을 책임 있게 논의한다. 불행히도, 그런 인터넷 공동체가 취할 수 있는 다양한 형태를 구별하는 데에 실패했기에 그의 분석은 훼손되었다.

우선 라인골드는 사이버공동체가 민주주의를 개선할 수 있다는 자신의 신념을 방어한다. 그는 말한다. "이 책에 대한 가장 진지한 비판은 다대일多對— 토론이 시민들 사이의 더 나은 소통을 가능케 함으로써 민주정의 건강에 기여할 수 있다는 나의 주장에 대한 도전이다."[13] 이어서 그는 초판에서 했던, 인터넷이 "공론장을 재활성화

♦ gatekeeper. 본래의 문지기라는 의미에서 확장되어, 현재는 어떤 정보가 대중매체를 통해 유포될 만한지를 사전에 취사선택하는 직책을 뜻한다.

[12] H. Rheingold, *The Virtual Community: Homesteading on the Electronic Frontier*, rev. edn, Cambridge, MA, MIT Press, 2000.

[13] 같은 책, pp. 375, 376.

하는 데에 도움이 될 수 있다"는 주장에서 더 나아가, 실로 "시민이 설계하고 시민이 통제하는 전세계적 소통 네트워크에 대한 전망은 기술적 유토피아주의의 한 버전으로서 '전자 아고라'에 대한 전망이라고 불릴 수 있을 것이다"라고 주장했다. 그는 이렇게 설명한다. "최초의 민주정인 아테네에서 아고라는 시장이었고, 그 이상이었다 — 그곳은 시민들이 만나서 이야기하고, 한담하고, 논증하고, 서로를 평가하고, 서로 논쟁함으로써 정치적 발상들이 가진 취약점을 발견하는 곳이었다."**14**

그러나 **전세계적** 전자 아고라에 대한 전망은 키에르케고르의 지적을 정확하게 놓친다. 그 지적은, 아테네의 아고라에서 서로에게 말을 하던 사람들은 직접적 민주정의 구성원들로서, 그들이 토론하는 쟁점에 의해 직접적으로 영향을 받았다는 점, 그리고 가장 중요한 것은, 그들에게 토론의 핵심은 자신들이 논쟁하던 물음에 대해 **공적으로 투표한다는 책임과 위험을 부담하는** 것이라는 점이다. 키에르케고르에게 전세계적 전자 아고라는 모순어법이다. 아무 위험부담도 지지 않는 전 세계의 익명적 전자 훈수꾼들이 모여서 자신의 의견을 발표하고 방어하는 공론장은 아테네의 아고라와 정확히 반대된다. 뿌리 없는 공론장의 연장으로서, 전자 아고라는 현실 정치 공동체에 심각한 위험이 될 것이다. 키에르케고르 덕분에 우리는 라인골드의 "전자 아고라"가 너무나 유토피아적이라는 데에 문제가 있는 것이 아님을 알 수 있다. 그것은 전혀 아고라가 아니며, 익명적이

---

14 같은 곳.

고 어디에도 없는 사람을 위한 어디에도 없는 장소다. 이렇게 봤을 때, 그것은 위험하게도 디스토피아적이다.

라인골드의 논의가 불분명해진 이유는, 신체화된 개인과 탈신체화된 인터넷의 공생으로 인해 사람들이 끝없는 반성의 감옥에서 뛰어 나올 수 있게 되는 두 가지 긍정적인 방식과 공론장에 대한 인터넷의 부정적 영향을 라인골드가 구별하지 않기 때문이다. 저 두 가지 긍정적인 방식은 한편으로는 가상적 헌신의 **심미적 가능성**이고 다른 한편으로는 헌신적 행위의 **윤리적 현행성**이다.

가상 공동체들은 실존의 심미적 영역으로의 흥미로운 도약으로 여겨진다. 그러한 공동체들은 어떤 면에서 공론장의 반정립이다. 열정적 헌신에 난색을 표하지 않고 그것을 장려하기 때문에, 그리고 논쟁되는 쟁점들이 가상 공동체의 중요한 관심사이기 때문이다. 실존의 심미적 영역에서 사람들이 서로의 정서적 삶과 결부되어 있다는 것에 키에르케고르는 동의한다. 그러나 그에게 본질적인 점은, 심미적인 사람이 강렬한 감정과 생동적 소통의 세계에서 산다 하더라도, 그것은 현실 세계의 귀결과 현실 세계의 위험부담을 가지지 않기에 모든 드라마가 게임과도 같다는 점이다. 개인들이 가상 공동체에 들어가거나 떠나는 것은 그들이 싫어하는 마을로부터 빠져나오는 것보다 훨씬 더 쉽다. 앞서 보았듯이, 키에르케고르는 심미적 영역은 실존을 놀이로 바꾼다고 말한다.

개정판에서 라인골드는 "가상 공동체는 참된 시민적 참여에 대한 가짜 대체물일 수 있다"는 위험을 솔직하게 직시한다.[15] 그는 이렇게 인정한다.

행해야 할 일 대부분은 얼굴을 맞대고 인격 대 인격으로 행해야 한다 — 시민적 참여가 의미하는 것은, 당신의 신체가 살고 있는 세계에서 이웃을 상대한다는 것이다. … 교양 있는 시민들 사이의 담론은 어느 정도 영향력이 있도록 개선되고, 부활되고, 회복될 수 있다. 그러나 소통의 도구를 적절히 사용하는 법을 충분한 수의 사람이 배우고, 그것을 현실 세계의 정치적 문제의 해결에 적용할 때에만 그렇다.[16]

게임으로서 가상 공동체에 몰입하는 것은 현실 공동체에의 정치적 참여에 위협이 되지는 않으리라고 결론 내릴 수 있고, 라인골드도 아마 동의할 것이다. 그러나 「세컨드 라이프」에서처럼, 그것이 위험하지 않다는 본성 때문에 위험한 현실 세계보다 더욱 매력적이 된다면, 그리하여 시민이 현실 공동체의 관심사에 줄 수 있는 시간과 에너지를 소모한다면 그것은 해로워질 것이다.

그래서 새로 쓴 장에서 라인골드의 강조점은 사람들이 구체적 문제와 만나고 더 효과적으로 행위할 수 있게 하는 데에 인터넷이 할 수 있는 역할로 옮겨 간다. 그리하여, 그는 "시민적 참여를 위해 다양한 도구로 실험하기"를 제안한다.[17] 그러나 인터넷 커뮤니티의 옹호는 공론장의 옹호로서 제시되며, 그렇기에 초연하고 익명적인 말과 몰입하고 책임지는 행위 사이의 중요한 구별이 상실된다. "온라

---

15 같은 책, p. 379.
16 같은 책, p. 382.
17 같은 책, p. 384.

인 풀뿌리 권익옹호 및 동원을 위한 도구"를 제공하는 캡-어드벤티지Cap-Advantage라는 이름의 단체 같은, 구체적 헌신을 촉진할 수 있는 인터넷 단체를 열거한 라인골드의 인상적인 목록은 또한 자유 포럼 같은 부동적浮動的인 공론장도 포함한다. 이것을 그는 "모든 사람을 위한 자유언론, 자유발언과 자유정신에 바쳐진 비당파적 국제 기구"라고 기술한다.[18]

국지적 쟁점에 반성적으로 초연한 공론장, 현실 세계의 진지한 관심사에 대한 위험 없는 시뮬레이션을 하는 심미적 영역, 국지적 정치적 헌신을 하는 윤리적 영역에 대한 키에르케고르의 삼중적 구별을 염두에 두고서 라인골드의 책을 읽은 뒤에야, 국지적 헌신을 하는 개인들과 공생하는 월드 와이드 웹이 무엇을 제공할 수 있는지에 관하여 인상적인 스펙트럼을 펼쳐 놓은 것에 라인골드에게 감사할 수 있을 것이다.

아바타를 통해 행위하고 배우기

팟캐스트 말고도 「세컨드 라이프」 같은 가상 세계들 덕택에 삼차원 가상 세계 기술을 사용하여 원격학습을 향상시킬 새로운 기회가 더 생겼다. 팟캐스트에 대한 『LA 타임스』 기사가 난 뒤 많은 팟캐스트 청자들이 내게 이메일을 보내서, 다른 청자들과 매주 만나서 강의의 요점에 대해 토론할 수가 없다는 것에 아쉬움을 표했다. 그리

---

18 같은 책.

하여 나는 「세컨드 라이프」에서 토론 소모임을 조직하는 일을 검토하였다. 『고등 교육 연대기』에서 나는 "미국과 다른 13개 나라의 150개 이상의 대학이 「세컨드 라이프」에 있다"는 것을 알게 되었다. 더욱이, "일부 교수진과 사무원들이 디지털 세계의 가치에 회의적임에도 불구하고 가상 캠퍼스의 수는 계속 증가하고 있다. 사실 교수들은 원격 교육 강좌를 열기 위해 「세컨드 라이프」를 이용한다. 그들은 디지털 인격으로 가장할 때 학생들 사이의 소통이 실제로 더욱 생동적이 된다고 말한다."[19]

그러나 내게는, 각자 혼자서 자기 컴퓨터 앞에 있으며 가상 교실에서 아바타로 대리되는 비교적 탈신체화된 학생들이, 현실 세계의 교실에서 함께 학습하는 신체화된 학생들만큼 공유되는 학습의 위험 있는 과정에 몰입하기는 쉽지 않을 것 같다. 학생들이 디지털 인격으로 만났을 때에 토론이 더욱 생동적이 된다면, 나는 이들이 그전에 충분히 생생하지 않았기 때문에 그러는 것이 틀림없다고 본다. 아마도 그런 경우 학생들은 가상 세계의 신기함 덕택에 지루한 일상적 현실 세계의 교실에서보다 「세컨드 라이프」에서 적어도 어느 정도 더 생생해졌을 것이다.[20] 학생들은 모두 같은 캠퍼스에 있었고 그래서 생동적인 교수자와 함께 신체적으로 현전할 수 있었으므로, 어떻게 비표현적인 아바타를 통한 절반의 신체화가 개선을 낳을 수 있었

---

19 Andrea L. Foster, "Professor Avatar", *The Chronicle of Higher Education: Information Technology*, September 21, 2007.

20 이것은 호손(Hawthorn) 효과의 한 사례일 수 있을까? 어느 유명한 연구는, 공장의 조명을 백열등에서 형광등으로 바꾸자 생산성이 증가하였는데, 반대로 바꾸어도 마찬가지였다는 것을 보여주었다.

는지는 이해하기 어렵다.

그러나 나의 팟캐스트 청취자들이 온 세계에 퍼져 있고 서로의 현전 앞에 있을 수가 없다는 점을 감안할 때, 「세컨드 라이프」 안의 토론 소모임이라는 발상은 차선책임이 분명하지만 그럼에도 불구하고 유의미한 것이었다. 그래서 모두가 듣고 있는 강의를 다른 청자들과 토론하고자 하는 전세계 청취자들의 요청에 따라, 그리고 탈신체화된 가상 세계에서 가르침이 어떻게 작동할지를 확인하려는 나 자신의 욕구에 응하여, 나는 「세컨드 라이프」에서 가르침을 시도해보기로 결심했다.

행정적, 기술적 세부사항을 처리하겠다고 자원한 컴퓨터에 능한한 팟캐스트 청자 덕분에 우리는 바다가 내다보이는 아름다운 가상 교실에서 가상 토론 소모임을 개설하였다. 거기에서 나의 아바타인 붉은 머리의 젊은 판스워스 룩스는, 마찬가지로 젊고 잘생긴 다른 열 명의 아바타와 함께 앉아 한 시간 이상 키에르케고르와 하이데거에 관해 토론했다.

후에 나에게 이메일을 보낸 사람은 모두 그 토론 소모임이 더할 나위 없이 성공적이었다고 생각했다. 그러나 나는 우리 각각이 아바타로 대리되어야 했다는 사실에 좌절하였다. 우리는 서로를 실제로 볼 수 없었다. 나는 테이블에 둘러앉은 사람들이 토론에 사로잡혔는지, 지루해하고 안절부절 못했는지를 알 수가 없었다. 말하는 학생의 몰입도를 짐작하기 위해 그 학생의 눈을 들여다볼 수 없었다. 더욱이, 내가 의식적, 무의식적으로 변화시키고 강화할 수 있는, 교실 안에서 공유되는 기분이 없었다. "현전"했던 사람들의 **정신**만이 참여하고 있었다는 의미에서, 상황 전체가 나에게는 데카르트적으로 느껴졌다. 나는 각 참여자가 말하는 바의 지적인 내용은 이해할 수 있었지만, 그들이 말하는 바가 그들 자신과 어떻게 관련되는 것인지는 이해할 수 없었다.

그래서 나는, 이 모임이 전화 회담 방식으로도 똑같이 잘 이루어지지 않겠느냐고 그들에게 물어 보았다. 한 참가자는 그들이 말하고 싶을 때 아바타의 손을 들 수 있었다는 사실, 그리고 그들을 하나하나 호명하여 대화할 순서를 지정할 수 있었다는 사실을 지적했다. 다른 참가자는 반대편 또는 옆에 앉아있는 사람, 또는 테이블 끝에 앉아 있는 사람에게 말을 하는 느낌이 토론에 방향감을 주었다고 지적했다.

신체적 현전이 제공하는 교육적 환경은 몹시 풍부하기에, 학생들이 같은 캠퍼스에 있다면 그것을 포기하는 것이 어리석은 일이리라고 생각하며 나는 돌아왔다. 그러나 전 세계의 팟캐스트 청취자들의 관심과 열광이 있다면, 아바타로서 만나서 내용에 대해 토론하는 것은 열렬히 포용되어야 할 교육 가능성이지, 무시되거나 폄하되어야 할 것이 아니라고 생각했다.

요컨대 우리가 계속해서 우리 신체를 긍정하는 한, 일련의 비대칭적 상충관계 중 나쁜 쪽을 — 교육의 강렬함 대신 경제성, 위험 없는 탈신체화된 원격현전 대 위험 있는 신체화된 상호작용, 사물과 사람과의 관계에서 현실 대신 가상, 현실 신체가 제공하는 용감한 실험 대신 아바타가 제공하는 안전한 실험 — 제공하려는 인터넷의 경향에 우리가 저항한다면, 인터넷은 우리에게 유용할 수 있다. 한 마디로, 인터넷을 사용할 때 상기해야 할 것은, 우리의 문화가 이미 두 번 퇴락한 바 있다는 것이다. 첫 번째는 플라톤적으로, 다음으로는 기독교적으로, 우리의 취약한 신체를 제거하려고 하는 유혹이었다 — 이 시도의 종착점은 허무주의다. 이번에는 우리가 이러한 유혹에 저항하고 신체를 긍정해야 한다. 신체의 유한성과 취약성에도 불구하고 그러는 것이 아니라, 니체가 보았듯이, 신체가 없다면 우리는 문자 그대로 아무 것도 아니기 때문에 그러하다. 니체가 차라투스트라로 하여금 이렇게 말하게 했던 것처럼 말이다. "신체를 경멸하는 자들에게 나는 말하고자 한다. 나에게 그들은 다르게 배우고 다르게 가르쳐야 할 것이 아니다. 그들은 그저 그들 자신의 신체에 작별을 고하고 — 그러므로 침묵해야 할 것이다."[21]

---

[21] F. Nietzsche, *Thus Spake Zarathustra*, trans. W. Kaufmann, New York, Viking Press, 1966, p. 34.

전 세계 수백만 대의 컴퓨터와 수십억 명의 사람을 연결하는 거대하고도 치밀한 네트워크들의 네트워크, 디지털화될 수 있는 모든 것을 감싸 안으면서 끝없이 성장하고 있는 정보의 바다―인터넷은 우리의 삶을 돌이킬 수 없는 방식으로 변화시켰다. 생활 구석구석까지 침투하는 이러한 변혁 앞에서, 인터넷이 우리에게 무엇을 줄 것인지를 파악하려는 노력이 도처에서 진행되고 있는 것은 당연한 일이다. 때로 우리는 인터넷이 실제로 우리에게 해 준 것을 열거하고 평가한다. 때로 우리는 인터넷이 우리에게 줄 수 있는 좋은 것과 나쁜 것들을 상상한다. 그러나 우리는 사실과 상상에서 한발 더 나아가, 예상을 해볼 수 있다. 단순한 상상 이상이 되기 위해서 예상은 가능성에 근거해야 한다. 그리고 가능성은 본질에서 비롯된다. 본질 및 거기에서 따라 나오는 가능성에 대한 고찰―이것은 철학의 임무다. 그래서, '인터넷의 철학'이다. 인터넷의 철학은 우리에게 인터넷의 미래에 대한 유효한 비전을 줄 수 있을 것이다.

　인터넷에 대한 신뢰할 만한 철학적 고찰을 제공해줄 수 있는 사람은 어떤 사람일까? 그 사람은 물론 철학적 훈련을 거쳤어야 할 것이다. 뿐만 아니라, 인터넷과 그 기반이 되는 정보기술에도 정통한 사람이어야 할 것이다. 이 책의 저자인 휴버트 드레이퍼스(1929-)가 바로, 그 흔치 않은 적임자 가운데 하나이다. 그는 본래 현상학과 실존철학, 특히 하이데거에 대한 해석으로 명성을 떨쳤다. 인간됨의 정수는 정신에 있으며 신체는 정신을 담고 있는 그릇에 지나지 않는다는 데카르트적 생각이 옳지 않으며, 오히려 인간은 본질적으로 신체적 존재이고, 신체를 통해 상황과 맥락 속에 처한 채로 행위하는 것이 인간의 삶에 핵심적이라는 것을 그는 하이데거와 메를로-퐁티로부터 배웠다. 1960년대부터 그는 인공지능학의 논쟁에 개입하기 시작했다. 당시 인공지능학을 주도하던 사고틀은 인간의 정신이 맥락독립적인 명제들 사이의 형식적 계산으로 환원될 수 있다고 보는 계산주의computationalism였다. 드레이퍼스에게 이는, 정신의 본질을 비신체적 정신으로 보는 데카르트적 발상의 현대판이었고, 결코 신체적 존재로서의 인간의 사고와 행위를 모두 잡아낼 수 없는 것이었다. 계산주의적 인공지능의 한계를 그는 『컴퓨터가 할 수 없는 것 What computers can't do』(1972)에서, 그리고 동생 스튜어트 드레이퍼스와의 공저 『기계 위의 정신Mind over machine』(1986)에서 상세히 논하였다.

이러한 지반을 바탕으로, 이 책 『인터넷의 철학』에서 그는 인터넷이 주는 다양한 약속들을 검토한다. 인터넷은 지적인 검색엔진의 개발을 통해 무한정한 지식의 보고가 될 것이다. 인터넷은 고등교육을 누구에게나 무료로 제공함으로써 교육의 민주화를 이루어줄 것이다. 인터넷은 우리가 세계 어느 곳이든 마치 그곳에 있는 것처럼 그곳의 사람과 교류할 수 있게 해줄 것이다. 인터넷은 누구나 제한 없이 자신의 의견을 개진하고 토론할 수 있는 장을 열어줌으로써 민주화의 새로운 지평을 열 것이다. 인터넷은 가상 세계 속에서 현실 삶의 대안이 되는 가상적 삶을 살아갈 가능성을 열어줄 것이다.

그러나 드레이퍼스가 보기에, 인터넷이 줄 미래에 대한 이런 희망적인 상상들은 인터넷이 가지는 본질적인 한계를 간과하고 있다. 그것은 바로, 인터넷은 신체와 유리되어 있으며, 그렇기에 우리의 실존과도 유리되어 있다는 점이다. 신체가 없는 인공지능은 신체에 의해 주어지는 무수히 많은 상식적 지식들을 이해하지 못하며, 신체적 마주침이 없는 배움은 일정 수준 이상의 기량을 낳지 못하고, 신체가 없는 현전은 결코 실제 현전 같은 굳건함을 주지 못하며, 신체적 몰입과 헌신이 없는 공론公論은 공론空論에 지나지 않는다. 결국 그러한 가상 세계에서의 삶은 우리에게 진정한 의미를 주지 못한다. 이를 논하면서 드레이퍼스는 추상적 사고틀을 위로부터 단순히 인터넷에 적용하지 않고, 실제 사례와 인터뷰, 또한 자기 자신의 체험을 통해 끊임없이 현실을 조회한다. 이렇게 그는 본질로부터 가능성을 사고하면서도 사실로부터 유리되지 않는 철학적 성찰의 모범을 보여준다. 그리하여 드레이퍼스의 논지는 새로운 것에 대한 해묵은 거부반응이나 비관론에 그치지 않는다. 그는 좋든 싫든 인터넷과 함께 살아야 할 미래를 더 나은 것으로 만들기 위하여, 인터넷의 정체를 알고 인터넷의 능력과 무능력을 정확히 구별하기를 시도하고, 컴퓨터와 인간, 인터넷의 삶과 현실 삶 사이의 적절한 균형을 제안한다.

정보화 시대의 특징은 몹시 빠른 변화속도이다. 이에 발맞추기 위해 드레이퍼스는 이 책의 초판을 2001년에 낸 뒤 8년 만에 상당한 수정, 삭제, 보충을 거친 2판을 냈다. 그로부터 다시 6년이 지난 지금, 이 책이 논하는 상황과 우리의 인터넷 세계 사이에는 거리가 있을 것이다. 또 이 책과 우리 사이에는 미국과 한국의 문화적 거리도 있다. 그럼에도 이 책의 많은 논의들은 인터넷의 사실적 특성이 아니라 본질적 특성, 탈신체성과 관계하기에 여전히 유효하다. 이를 통해 우리는 드레이퍼스가 다루지 못했지만 우리에게는 화두가 되는 인터넷의 측면들, 가령 소셜 네트워크 서비스가 가져온 새로운 생활방식이나 인터넷을 통한 혐오주의의 집중과 세력화 등에 대해 현재적으로 고찰하기 위한 영감을 얻을 수 있을 것이다.

드레이퍼스의 명성과 영향력에 비해 한국에 번역된 책은 거의 없다시피 한 상황에서, 현재적 의의가 있을 뿐 아니라 드레이퍼스 사상의 윤곽에 대한 일별도 가능케 해주는 책을 번역하게 되어 기쁘게 생각한다. 부드러운 한국어로 읽히도록 많은 문장에 손을 대었는데, 이로 인해 혹여 드레이퍼스의 의도가 잘못 전달된 곳이 없기를 빈다.

이 책을 번역할 기회를 준 분들과 딱딱했던 초고를 자연스러운 문체로 만드는 데에 도움을 준 편집자께 감사를 드린다. 그리고 구글에 대한 감사의 말을 빼놓을 수 없겠다. 옛 방식의 도서관에서는 물론이고, 구글이 있기 이전의 인터넷에서도 발견하기가 힘들었을 폭넓고도 세세한 정보들에 대한 접근을 구글은 가능하게 해주었다.

2015년 10월 5일
옮긴이

찾아보기

인터넷의 철학

초판 1쇄 발행 | 2015년 11월 20일

지은이 | 휴버트 드레이퍼스
옮긴이 | 최일만
펴낸이 | 이은성
펴낸곳 | 필로소픽
편 집 | 황서린, 고정용
디자인 | 백지선

주 소 | 서울시 동작구 상도동 206 가동 1층
전 화 | (02) 883-3495
팩 스 | (02) 883-3496
이메일 | philosophik@hanmail.net
등록번호 | 제 379-2006-000010호

ISBN 979-11-5783-029-9 93100

필로소픽은 푸른커뮤니케이션의 출판 브랜드입니다.

이 도서의 국립중앙도서관 출판시도서목록(CIP)은 서지정보유통지원시스템 홈페이지(seoji.nl.go.kr)와
국가자료공동목록시스템(www.nl.go.kr/kolisnet)에서 이용하실 수 있습니다. (CIP제어번호: CIP2015027601)